NUOVO Espresso

Grammatica

Autrici dell'opera originale *Espresso:* Maria Balì, Giovanna Rizzo e Luciana Ziglio; i contenuti di *NUOVO Espresso* sono stati elaborati da Marco Dominici, Carlo Guastalla e Ciro Massimo Naddeo con la collaborazione di Euridice Orlandino e Chiara Sandri. La presente grammatica è stata adattata a partire da *Espresso – Libro di consultazione* B1 da Alessandra Pasqui Egli e Tiziana Carraio.

Redazione: Euridice Orlandino
Copertina: Andrea Caponecchia
Impaginazione: Astrid Hansen, Andrea Caponecchia
Illustrazioni: ofczarek

© 2015 ALMA Edizioni - Firenze
Tutti i diritti riservati

Printed in Italy
ISBN 978-88-6182-377-8

ALMA Edizioni
viale dei Cadorna, 44
50129 Firenze
tel +39 055 476644
fax +39 055 473531
alma@almaedizioni.it
www.almaedizioni.it

L'Editore è a disposizione degli aventi diritto per eventuali mancanze o inesattezze. I diritti di traduzione, di memorizzazione elettronica, di riproduzione e di adattamento totale o parziale, con qualsiasi mezzo (compresi i microfilm, le riproduzioni digitali e le copie fotostatiche), sono riservati per tutti i paesi.

Prefazione

Questa **Grammatica** della lingua italiana comprende tutti i temi e tutte le strutture presentati in **NUOVO Espresso 1**, **NUOVO Espresso 2** e **NUOVO Espresso 3**. Concepita come completamento ideale del corso **NUOVO Espresso**, può essere usata anche indipendentemente dal manuale.

Il testo si propone come agile strumento di consultazione per tutti coloro che vogliano ripetere in modo autonomo le principali strutture grammaticali. Attraverso schemi chiari, illustrazioni e numerosi esempi vengono spiegate le principali regole della lingua italiana.

Al centro dell'opera è il funzionamento della lingua italiana nella comunicazione orale e scritta. La divisione dei capitoli è tematica e la progressione segue quella che si ritrova nelle principali grammatiche.

Il simbolo 🔍 rimanda al volume di **NUOVO Espresso** (N. E.) in cui è stata presentata la struttura grammaticale.

INDICE

Prefazione   p. 3

1 Suoni e scrittura   p. 8
1.1 L'alfabeto
1.2 La pronuncia
1.3 L'accento
1.4 Proposizioni enunciative e interrogative

2 Il nome   p. 10
2.1 Il genere
2.2 I nomi di persona
2.3 I suffissi

3 Il plurale dei nomi   p. 12
3.1 Formazione del plurale
3.2 Particolarità nella formazione del plurale
3.2.1 Desinenze invariabili
3.2.2 I nomi in *-ca/-ga*, *-cia/-gia*, *-co/-go* e *-io*
3.2.3 Forme irregolari del plurale

4 L'articolo   p. 15
4.1 L'articolo indeterminativo
4.2 L'articolo determinativo
4.2.1 Uso dell'articolo determinativo
4.3 L'articolo partitivo

5 L'aggettivo   p. 18
5.1 Il plurale
5.2 Gli aggettivi in *-co/-ca* e *-go/-ga*
5.3 I colori
5.4 Posizione dell'aggettivo
5.5 *Bello*
5.6 Il prefisso negativo *in-*
5.7 Aggettivi in *-bile*
5.8 *Qualsiasi/qualunque*
5.9 *Entrambi/entrambe*

6 Gradi dell'aggettivo   p. 22
6.1 Il comparativo di maggioranza e di minoranza
6.2 Il comparativo di uguaglianza
6.3 Il superlativo assoluto
6.4 Il superlativo relativo
6.5 Forme irregolari del comparativo e del superlativo

7 L'avverbio   p. 25
7.1 Formazione dell'avverbio
7.2 Avverbio e aggettivo
7.3 Comparativo e superlativo dell'avverbio
7.3.1 Forme irregolari

8	**I pronomi personali** p. 27	11.4	I pronomi possessivi con valore sostantivale
8.1	I pronomi soggetto	11.5	Posizione degli aggettivi possessivi
8.2	I pronomi indiretti		
8.3	I pronomi diretti		
8.4	Dislocazione del complemento oggetto	**12**	**Gli indefiniti** p. 40
8.5	Verbi con complemento diretto o indiretto	**13**	**Il verbo** p. 42
8.6	La particella *ne*	13.1	Il presente
8.7	La particella *ci*	13.1.1	Verbi regolari
8.8	Posizione dei pronomi con i verbi servili *dovere, potere, volere, sapere* + infinito	13.1.2	Verbi irregolari al presente
		13.1.3	Verbi in *-care/-gare, -ciare/-giare, -gere* e *-scere*
8.9	I pronomi diretti con *avere*	13.2	Il verbo *piacere*
8.10	I pronomi combinati	13.3	*C'è, ci sono*
8.10.1	Posizione dei pronomi combinati	13.4	Il verbo *sapere*
		13.5	*Sapere* o *potere*?
		13.6	I verbi riflessivi
9	**I pronomi relativi** p. 35	13.6.1	Verbi transitivi con pronomi riflessivi
10	**Aggettivi e pronomi dimostrativi** p. 36	13.7	La costruzione impersonale e il *si* passivante
		13.7.1	La costruzione impersonale
11	**I possessivi** p. 38	13.7.2	La costruzione impersonale con i verbi riflessivi
11.1	Gli aggettivi possessivi		
11.2	I pronomi possessivi	13.7.3	La costruzione con il *si* passivante
11.3	I possessivi con il verbo *essere*		

13.7.4	Altri modi per esprimere la costruzione impersonale e il *si* passivante	13.13.1	Uso del futuro anteriore
13.8	Il passato prossimo	13.14	Il condizionale presente
13.8.1	Usi particolari degli ausiliari *essere* e *avere*	13.14.1	Uso del condizionale presente
13.8.2	Il passato prossimo dei verbi riflessivi	13.15	Il condizionale passato
13.8.3	Il passato prossimo con i verbi servili *dovere, potere, volere*	13.15.1	Uso del condizionale passato
		13.16	L'imperativo
		13.16.1	La posizione dei pronomi con l'imperativo
		13.16.2	L'imperativo negativo
		13.16.3	Imperativo negativo e pronomi
13.8.4	La concordanza del participio passato con i pronomi diretti e con *ne*	13.17	Il congiuntivo presente
		13.17.1	Uso del congiuntivo
		13.17.2	Congiuntivo o infinito nella proposizione secondaria
13.9	L'imperfetto	13.18	Il congiuntivo imperfetto
13.9.1	Uso dell'imperfetto	13.19	Il congiuntivo passato
13.9.2	Uso del passato prossimo e dell'imperfetto	13.20	Il congiuntivo trapassato
13.9.3	Uso del verbo *volere* all'imperfetto	13.21	La concordanza dei tempi al congiuntivo
13.9.4	I verbi *sapere* e *conoscere*	13.22	Altri usi del congiuntivo nelle proposizioni secondarie
13.10	Il trapassato prossimo		
13.11	Il passato remoto	13.22.1	Congiunzioni con il congiuntivo
13.11.1	Uso del passato remoto		
13.11.2	Passato remoto e imperfetto	13.22.2	Pronomi indefiniti e congiuntivo
13.12	Il futuro semplice		
13.12.1	Uso del futuro semplice	13.22.3	Espressioni particolari
13.13	Il futuro anteriore	13.22.4	Proposizioni relative

13.23	Il congiuntivo nelle proposizioni principali		13.29.2	Verbi con pronomi
13.24	Il periodo ipotetico		13.29.3	Il verbo *dovere* per esprimere una supposizione
13.24.1	Il periodo ipotetico della realtà		13.30	Il discorso indiretto
13.24.2	Il periodo ipotetico della possibilità		13.31	La frase interrogativa indiretta
13.24.3	Il periodo ipotetico dell'impossibilità/irrealtà		13.32	La concordanza dei tempi all'indicativo

14 La negazione — p. 85

14.1 La doppia negazione

13.25 Il gerundio
13.25.1 Il gerundio presente
13.25.2 Il gerundio passato

15 Le preposizioni — p. 86

13.26 L'infinito
13.26.1 L'infinito presente

16 Le congiunzioni — p. 91

13.26.2 L'infinito passato
13.26.3 Uso dell'infinito

17 Avverbi di tempo — p. 92

13.27 Il participio presente
13.28 La costruzione passiva

18 Appendice — p. 93

13.28.1 La costruzione passiva con il verbo *andare*

18.1 Lista dei verbi irregolari

13.29 Particolarità di alcuni verbi
13.29.1 Verbi impersonali

GRAMMATICA

1 Suoni e scrittura

1.1 L'alfabeto
N. E. 1 L'alfabeto italiano ha 21 lettere. Ci sono poi 5 lettere presenti in parole straniere o di origine straniera.

a	(a)	**h**	(acca)	**q**	(cu)	*Lettere straniere:*	
b	(bi)	**i**	(i)	**r**	(erre)		
c	(ci)	**l**	(elle)	**s**	(esse)	**j**	(i lunga)
d	(di)	**m**	(emme)	**t**	(ti)	**k**	(cappa)
e	(e)	**n**	(enne)	**u**	(u)	**w**	(doppia vu)
f	(effe)	**o**	(o)	**v**	(vi/vu)	**x**	(ics)
g	(gi)	**p**	(pi)	**z**	(zeta)	**y**	(ipsilon)

1.2 La pronuncia
N. E. 1 In italiano le parole si pronunciano fondamentalmente così come si scrivono. Ci sono comunque alcune particolarità:

Lettera singola o composta	Pronuncia	Esempio
c (+ a, o, u) ch (+ e, i)	[k]	**c**arota, **c**olore, **cu**oco an**ch**e, **ch**ilo
c (+ e, i) ci (+ a, o, u)	[tʃ]	**c**ellulare, **c**ittà **ci**ao, **cio**ccolata, **ciu**ffo
g (+ a, o, u) gh (+ e, i)	[g]	**G**arda, **g**onna, **gu**anto lun**gh**e, **ghi**accio
g (+ e, i) gi (+ a, o, u)	[dʒ]	**g**elato, **G**i**g**i **gia**cca, **gio**rnale, **giu**sto
gl	[λ]	**gl**i, bi**gl**ietto, fami**gl**ia
gn	[ɲ]	dise**gn**are, si**gn**ora

h	non si pronuncia	**h**otel, **h**o, **h**anno
qu	[ku]	**qu**asi, **qu**attro, **qu**esto
r	[r]	**r**iso, **r**osso, **r**isposta
sc (+ a, o, u) sch (+ e, i)	[sk]	**sc**arpa, **sc**onto, **scu**ola **sch**ema, **sch**iavo
sc (+ e, i) sci (+ a, e, o, u)	[ʃ]	**sc**elta, **sci** **sci**arpa, **sci**enza, la**sci**o, **sci**upare
v	[v]	**v**ento, **v**erde, **v**erdura

Le vocali consecutive (eccetto la *i* in certi casi: *ciao, cioccolato, giovane* ecc.) si pronunciano separatamente: *Europa* (e-u), *vieni* (i-e), *sei* (e-i), *pausa* (a-u).

1.3 L'accento

str**a**da	(accento sulla penultima sillaba)
m**e**dico	(accento sulla terz'ultima sillaba)
tel**e**fonano	(accento sulla quart'ultima sillaba)
citt**à**	(accento sull'ultima sillaba)

La maggior parte delle parole italiane ha l'accento sulla penultima sillaba; ci sono però anche parole con l'accento sulla terz'ultima, quart'ultima e ultima sillaba. Solo nel caso di parole accentate sull'ultima sillaba si mette l'accento grafico. In alcuni casi si mette l'accento grafico su parole identiche, ma di diverso significato:

sì	affermativo	**si**	impersonale/pronome
dà	verbo *dare*	**da**	preposizione
però	congiunzione	**pero**	albero

L'italiano ha due accenti:
l'accento *grave* come nella parola *caffè* e l'accento *acuto* come nella parola *perché*.

1.4 Proposizioni enunciative e interrogative

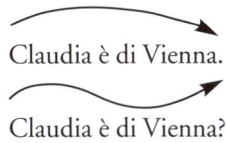

Claudia è di Vienna.

Claudia è di Vienna?

In genere la costruzione della frase in italiano è uguale nelle proposizioni enunciative e in quelle interrogative. L'unica differenza consiste nella melodia della frase (ascendente nella proposizione interrogativa).

9

2 Il nome

2.1 Il genere

N. E. 1

maschile	femminile
il libro	la casa
il signore	la pensione

I nomi (o sostantivi) possono essere maschili o femminili. La maggior parte di quelli in *-o* è maschile, la maggior parte di quelli in *-a* è femminile.
I nomi in *-e* possono essere maschili o femminili.

In italiano sono femminili:

- i nomi terminanti in *-gione, -sione, -zione, -ie, -igine:*
la *regione,* la *passione,* la *stazione,* la *specie, l'origine.*
- la maggior parte dei nomi in *-i:*
la crisi; ma: ***il bikini.***

Ci sono anche nomi femminili in *-o*:
la mano, la radio, la moto, la foto.

Viceversa, ci sono anche nomi maschili in *-a*: *il cinema, il problema, il programma.*

I nomi che terminano per consonante generalmente sono maschili: *il bar, lo sport, il tennis.*

- le marche di automobili:
Ha **una** Fiat 600 seminuova.
- i nomi di città e molti nomi di isole:
la pittoresca Trento, **la** vecchia Palermo, **la** bella Capri, **la** Sardegna;
ma: ***il Giglio.***

2.2 I nomi di persona

maschile	femminile
il commesso	la commessa
il bambino	la bambina

Per i nomi che si riferiscono a esseri viventi il genere grammaticale di solito corrisponde al genere naturale. Nella maggioranza dei casi la desinenza al maschile è *-o*, quella al femminile *-a*.

10

maschile	femminile
il collega	la collega
il turista	la turista
il francese	la francese
il cliente	la cliente

In alcuni casi invece esiste una forma unica per maschile e femminile.

maschile	femminile
lo studente	la studentessa
il traduttore	la traduttrice

Alcuni nomi di persona che terminano al maschile in *-e* formano il femminile in *-essa*; di solito i nomi in *-tore* formano il femminile in *-trice*.

maschile = femminile
l'architetto
l'ingegnere
il medico

Alcuni nomi di professione hanno una sola forma per il maschile e il femminile.

2.3   I suffissi

anell**ino** = piccolo anello
pall**ina** = piccola palla
libr**etto** = piccolo libro
cas**etta** = piccola casa
gatt**one** = gatto grande

I suffissi modificano il significato dei nomi. I suffissi *-ino* e *-etto* si usano per formare i diminutivi o i vezzeggiativi. Il suffisso *-one* si usa per formare gli accrescitivi. Alcuni nomi con suffisso hanno un significato proprio, come ad esempio *telefonino* (telefono cellulare).

 N. E. 2

3 Il plurale dei nomi

3.1 Formazione del plurale

N. E. 1

	singolare	plurale	
un ragazzo, due ragazzi	-o	-i	maschile
una donna, due donne	-a	-e	femminile
un signore, due signori			maschile/
una lezione, due lezioni	-e	-i	femminile

I nomi maschili in *-o* formano il plurale in *-i*.
I nomi femminili in *-a* formano il plurale in *-e*.
I nomi maschili o femminili in *-e* formano il plurale in *-i*.

singolare	plurale
il problema	i problemi
il programma	i programmi
il dentista	i dentisti
il turista	i turisti

I nomi maschili in *-a* formano il plurale in *-i*.

I nomi femminili come *la turista*, *la dentista* formano il plurale regolarmente: *le turiste, le dentiste*.

3.2 Particolarità nella formazione del plurale

N. E. 1

3.2.1 Desinenze invariabili

	singolare	plurale
maschile	il caffè	i caffè
	il film	i film
femminile	la città	le città
	la bici	le bici

Tutti i nomi (sia maschili sia femminili) che terminano per sillaba accentata o con una consonante sono invariabili.

12

Normalmente anche le parole straniere sono invariabili: *l'hobby, gli hobby; il garage, i garage; lo sport, gli sport*. Anche le abbreviazioni, come per esempio *la foto (fotografia), la bici (bicicletta), la radio (radiofonia, radiotrasmissione), il cinema (cinematografo)*, restano invariate al plurale.

3.2.2 I nomi in -ca/-ga, -cia/-gia, -co/-go e -io

l'ami**ca** – le ami**che**	I nomi in *-ca/-ga* hanno il plurale in *-che/-ghe*.
la mancia – le mance la camicia – le camicie la farmacia – le farmacie la spiaggia – le spiagge la valigia – le valigie	I nomi in *-cia/-gia* hanno il plurale in *-ce/-ge* se *c* e *g* sono precedute da consonante. Se invece *c* e *g* sono precedute da vocale, i nomi hanno il plurale in *-cie/-gie*. Anche i nomi in *-cia/-gia* (con *i* tonica) formano il plurale in *-cie/-gie*.
il tedesco – i tedeschi l'albergo – gli alberghi	I nomi in *-co/-go* formano il plurale in *-chi/-ghi* se hanno l'accento sulla penultima sillaba. **Eccezione:** l'amico – gli amici
il medico – i medici l'asparago – gli asparagi	I nomi in *-co/-go* con accento sulla terzultima sillaba formano il plurale in *-ci/-gi*.
il negozio – i negozi il viaggio – i viaggi	I nomi in *-io* di solito hanno al plurale una sola *-i*.
lo zio – gli zii	I nomi in *-io* (*i* tonica) hanno il plurale in *-ii*.

3.2.3 Forme irregolari del plurale

N. E. 2

singolare	plurale
l'uovo	le uova
il paio	le paia
il centinaio	le centinaia
il migliaio	le migliaia
il braccio	le braccia
il labbro	le labbra
il ginocchio	le ginocchia
il dito	le dita
l'orecchio	le orecchie

Alcuni nomi maschili terminanti in *-o* formano il plurale in *-a* e diventano femminili.

N. E. 3   Ci sono alcuni nomi maschili con due forme plurali, una maschile in *-i* e una femminile in *-a*; il significato è diverso.

singolare	plurale (maschile)	plurale (femminile)
il braccio	i bracci (di un fiume)	le braccia (di una persona)
l'osso	gli ossi (di animale)	le ossa (di una persona)
il labbro	i labbri (gli orli di un vaso)	le labbra (della bocca)
il ciglio	i cigli (i bordi della strada)	le ciglia (degli occhi)
il fondamento	i fondamenti (di una scienza)	le fondamenta (di una casa)
il muro	i muri (di una casa)	le mura (di una città)
il grido	i gridi (di un animale)	le grida (di una persona)

Ci sono sostantivi che vengono usati quasi esclusivamente al singolare:

la gente
il riso
il latte
il miele
il sangue
la fame
la sete
la noia
la rabbia

Altri, invece, vengono usati quasi esclusivamente al plurale:

gli occhiali
i rifiuti
i soldi
le ferie
i dintorni
le posate
le forbici
le mutande
i pantaloni

Alla partita c'era tanta gente.

Per favore, mi passi le forbici?

Uomo ha un plurale irregolare:
l'uomo ➤ *gli **uomini***

4 L'articolo

La forma dell'articolo indeterminativo e determinativo varia a seconda del genere del nome che segue e della lettera iniziale del nome.

4.1 L'articolo indeterminativo

N. E. 1

	maschile	femminile
+ consonante	**un** gelato	**una** camera
+ vocale	**un** amico	**un'**amica
+ *h*	**un** hotel	
+ *s* + consonante	**uno** straniero	
+ *z*	**uno** zaino	
+ *ps*	**uno** psicologo	
+ *y*	**uno** yogurt	

15

4.2 L'articolo determinativo

	maschile		femminile	
	singolare	plurale	singolare	plurale
+ consonante	**il** gelato	**i** gelati	**la** camera	**le** camere
+ vocale	**l'**amico	**gli** amici	**l'**amica	**le** amiche
+ *h*	**l'**hotel	**gli** hotel		
+ *s* + consonante	**lo** straniero	**gli** stranieri		
+ *z*	**lo** zaino	**gli** zaini		
+ *ps*	**lo** psicologo	**gli** psicologi		
+ *y*	**lo** yogurt	**gli** yogurt		

4.2.1 Uso dell'articolo determinativo

*Le presento **il signor** Carli.*
*Le presento **la signora** Attolini.*
*Le presento **il dottor** Carli.*

L'articolo determinativo si usa:
davanti a *signor/signora*,

davanti ai titoli che precedono un nome proprio,

*Studio **il tedesco**, **l'inglese** e **lo svedese**.*

davanti ai nomi che designano una lingua,

***La Germania** è un paese industriale.*

davanti ai nomi di nazione.

*Buongiorno, **signor** Carli.*
*Buongiorno, **signora** Attolini.*
*Buongiorno, **dottor** Carli.*

L'articolo determinativo però non si usa quando ci si rivolge direttamente a qualcuno.

L'articolo generalmente non si usa quando il nome di una nazione
è in combinazione con la preposizione **in**:
*Vado spesso **in Italia**.*

Ma se il nome di nazione è accompagnato da un aggettivo o da una specificazione,
l'articolo è presente:
*Vado spesso **nell'Italia** settentrionale.*

L'articolo determinativo si usa sempre con le ore.
*Sono **le dieci**.*

La presenza o l'assenza dell'articolo determinativo davanti a un giorno
della settimana porta un cambiamento di significato.
***Il sabato** vado a teatro.*	= ogni sabato
***Sabato** vado a teatro.*	= sabato prossimo
***Sabato** sono andato a teatro.*	= sabato scorso

I nomi dei mesi hanno l'articolo soltanto se accompagnati da un aggettivo.
***Agosto** è un mese molto caldo.*
***L'agosto** scorso sono stata in Italia.*

4.3 L'articolo partitivo

N. E. 1

L'articolo partitivo è formato dalla preposizione ***di*** + l'articolo determinativo.
Indica una parte di qualcosa, una quantità indeterminata e significa *un po'*,
qualche o *alcuni/alcune*.

*Vorrei **del** formaggio.*	= un po' di formaggio
*Ho comprato **del** pesce.*	= un po' di pesce
*Ho mangiato **delle** arance.*	= alcune arance
*Ho incontrato **degli** amici.*	= alcuni amici

17

5 L'aggettivo

N. E. 1

maschile	femminile
un museo famos**o**	una chiesa famos**a**
un museo interessant**e**	una chiesa interessant**e**

Gli aggettivi concordano nel genere e nel numero con i nomi a cui si riferiscono. La maggior parte degli aggettivi ha al singolare la desinenza in *-o* per il maschile, in *-a* per il femminile. Ci sono poi aggettivi in *-e*, con la stessa forma per il maschile e il femminile.

5.1 Il plurale

N. E. 1

	singolare	plurale	
maschile	il mus**eo** fam**oso**	i mus**ei** fam**osi**	-o → -i
	il mus**eo** interessant**e**	i mus**ei** interessant**i**	-e → -i
femminile	la chies**a** famos**a**	le chies**e** famos**e**	-a → -e
	la zon**a** interessant**e**	le zon**e** interessant**i**	-e → -i

Gli aggettivi maschili in *-o* formano il plurale in *-i*, quelli femminili in *-a* formano il plurale in *-e*. Gli aggettivi in *-e* sia maschili sia femminili formano il plurale in *-i*.

Quando si riferisce a più nomi dello stesso genere (singolari o plurali), l'aggettivo prende il genere dei nomi e va al plurale:
*La valigia e la borsa sono **pronte**.*

Quando si riferisce a più nomi di diverso genere, l'aggettivo va al maschile plurale:
*Vendo un tavolo e una tovaglia **antichi**.*

5.2 Gli aggettivi in *-co/-ca* e *-go/-ga*

singolare	plurale
la chiesa anti**ca**	le chiese anti**che**
la trattoria tipi**ca**	le trattorie tipi**che**
il palazzo anti**co**	i palazzi anti**chi**
il ristorante tipi**co**	i ristoranti tipi**ci**

Analogamente ai sostantivi, gli aggettivi in *-ca* formano il plurale in *-che*. Gli aggettivi in *-co* formano il plurale in *-chi* se hanno l'accento sulla penultima sillaba, in *-ci* se hanno l'accento sulla terz'ultima.

N. E. 1

singolare	plurale
il vestito lar**go**	i vestiti lar**ghi**
la strada lun**ga**	le strade lun**ghe**

Gli aggettivi in *-go* formano il plurale in *-ghi*; gli aggettivi in *-ga* formano il plurale in *-ghe*.

5.3 I colori

il cappotto n**ero**	i cappotti n**eri**
la gonna bian**ca**	le gonne bian**che**
il cappello verd**e**	i cappelli verd**i**

Gli aggettivi che descrivono i colori sono dei comuni aggettivi.

N. E. 2

Porto volentieri	un impermeabile	
	una gonna	**blu.**
	dei jeans	
	le camicie	

Alcuni colori sono invariabili, come ad esempio *blu, viola, rosa, beige, bordeaux, turchese*.

il maglione	**grigio** perla
la gonna	**rosso** scuro
i pantaloni	**verde** chiaro
le calze	**grigio** antracite

Sono invariabili anche i colori in combinazione con un altro aggettivo o sostantivo: *verde chiaro, rosso scuro, grigio perla*, ecc.

5.4 Posizione dell'aggettivo

N. E. 1

una città **tranquilla**
una giacca **verde**
un ragazzo **francese**
un tavolo **rotondo**
una stanza **piccola** *e* **rumorosa**

In italiano l'aggettivo di solito segue il nome. È così per i colori, gli aggettivi di nazionalità, gli aggettivi qualificativi e gli aggettivi in combinazione fra loro.

È una **bella** *macchina.*
È una **buona** *occasione.*

È una macchina **molto bella***.*

Giulio ha **pochi** *amici.*

Alcuni aggettivi con forme brevi e molto usate vanno di solito prima del nome.
Se questi aggettivi hanno un'indicazione più precisa, allora seguono il nome.
Gli aggettivi di quantità (*poco, molto, tanto...*) vanno sempre prima del nome.

un **caro** *bambino* = un bambino buono
una macchina **cara** = una macchina costosa
una **semplice** *domanda* = solo una domanda
una domanda **semplice** = una domanda non difficile

Alcuni aggettivi possono precedere o seguire il nome. In questo caso di solito c'è un cambiamento di significato.

5.5 *Bello*

N. E. 2

bel ragazzo	**bei** ragazzi
bello spettacolo	**begli** spettacoli
bell'uomo	**begli** uomini
bella ragazza	**belle** ragazze
bell'amica	**belle** amiche

Se *bello* precede il sostantivo, segue le regole dell'articolo determinativo.

5.6 Il prefisso negativo *in-*

N. E. 3

Con l'aggiunta del prefisso *in-* vari aggettivi assumono un significato contrario.

capace	**in**capace	*Michele è un buono a nulla, un vero incapace.*
visibile	**in**visibile	*Molte stelle di giorno sono invisibili a occhio nudo.*
utile	**in**utile	*Questa chiave non apre nulla, è proprio inutile.*
bevibile	**im**bevibile	*Questo caffè fa schifo, è imbevibile.*
mortale	**im**mortale	*Credo che l'anima sia immortale.*
personale	**im**personale	*I soldi sono un regalo impersonale.*
logico	**il**logico	*Per me questo discorso è assolutamente illogico.*
ragionevole	**ir**ragionevole	*No, la sua proposta è irragionevole.*

Attenzione:
in- + **b** → **imb-**
in- + **m** → **imm-**
in- + **p** → **imp-**
in- + **l** → **ill-**
in- + **r** → **irr-**

5.7 Aggettivi in *-bile*

N. E. 3

Gli aggettivi che terminano in *-bile* hanno un valore passivo ed esprimono un significato di possibilità.

*È un progetto **realizzabile**.* = che può essere realizzato
*È una storia **incredibile**.* = che non può essere creduta
*È un materiale **riciclabile**.* = che può essere riciclato

5.8 *Qualsiasi/qualunque*

N. E. 3

*Puoi venire sempre da me, in **qualsiasi** momento.*

Qualsiasi e *qualunque* sono invariabili e sono sempre insieme a un nome singolare.

***Qualunque** cosa lui **dica**, fa sempre ridere!*

Con *qualsiasi* e *qualunque* seguiti da un verbo si usa il congiuntivo.

21

5.9 *Entrambi/entrambe*

Porti con te la giacca blu o quella grigia? – **Entrambe.**

Entrambi (maschile plurale) ed *entrambe* (femminile plurale) sono una forma equivalente di *tutti e due/tutte e due*. Possono essere usati sia come aggettivi che come pronomi. Analogamente all'aggettivo *tutto*, tra *entrambi/entrambe* (se usati come aggettivi) e il nome si mette l'articolo determinativo.

Uso i fogli da **entrambe le** *parti.*   (aggettivo)

– C'è solo Michele o è venuto anche Antonio?
– Sono venuti **entrambi.**   (pronome)

6 Gradi dell'aggettivo

6.1 Il comparativo di maggioranza e di minoranza

N. E. 2

Questi pantaloni sono **eleganti.**
Questi pantaloni sono **più eleganti di** *quelli.*

Il comparativo si forma con *più* o *meno* + aggettivo. Il secondo termine di paragone è introdotto dalla preposizione *di* (con o senza articolo) se la comparazione avviene tra nomi o pronomi.

di	*di* + articolo
Milano è più grande **di** Pisa.	Le gonne sono più eleganti **dei** jeans.
Giulio è più alto **di** me.	La campagna è più tranquilla **della** città.
Questi pantaloni sono meno eleganti **di** quelli.	I jeans sono meno eleganti **dei** pantaloni.

Mario è più simpatico **che** *bello.*
Dentro fa più freddo **che** *fuori.*
Cucinare è più divertente **che** *pulire.*
Livia va meno volentieri al mare **che** *in montagna.*
Luisa è più gentile con lui **che** *con me.*

Se il paragone avviene tra aggettivi, avverbi, verbi oppure tra nomi o pronomi preceduti da una preposizione, il secondo termine di paragone è introdotto da *che*.

6.2 Il comparativo di uguaglianza

*Franca è simpatica **come** Lucia.*
*Luigi è alto **quanto** me.*

La forma *come* oggi è più usata.

6.3 Il superlativo assoluto

	maschile		femminile	
singolare	**molto** bello	bell**issimo**	**molto** bella	bell**issima**
	molto interessante	interessant**issimo**	**molto** interessante	interessant**issima**
plurale	**molto** belli	bell**issimi**	**molto** belle	bell**issime**
	molto interessanti	interessant**issimi**	**molto** interessanti	interessant**issime**

Il superlativo assoluto esprime il grado massimo di una qualità. Si forma con l'avverbio *molto* (invariabile) + aggettivo, oppure aggiungendo *-issimo/-issima/-issimi/-issime* alla radice dell'aggettivo.

Ha pochissimi vestiti.
Il viaggio come è stato? – Lunghissimo.

*Vorrei un etto di mortadella tagliata **sottile sottile**.*

Con gli aggettivi in *-co/-go* s'inserisce una *-h-* per mantenere uguale la pronuncia.

Nella lingua parlata il superlativo assoluto si può esprimere anche ripetendo l'aggettivo.

6.4 Il superlativo relativo

*Sono **le** scarpe **più** vecchie che ho.*
*È **il** ristorante **meno** caro della città.*

Il superlativo relativo esprime il grado massimo o minimo di una qualità relativamente a un gruppo di persone o cose.
Si forma con l'articolo determinativo + nome + *più* o *meno* + aggettivo.

23

6.5 Forme irregolari del comparativo e del superlativo

N. E. 2
N. E. 3

*Claudia è **la mia sorella maggiore**.*
*Questo è **il migliore** ristorante della città.*

Alcuni aggettivi hanno forme irregolari al comparativo e al superlativo, oltre a forme regolari:

	comparativo di maggioranza	
	regolare	irregolare
buono	più buono	migliore
cattivo	più cattivo	peggiore
grande	più grande	maggiore
piccolo	più piccolo	minore

	superlativo relativo		superlativo assoluto	
	regolare	irregolare	regolare	irregolare
buono	il più buono	il migliore	buonissimo	ottimo
cattivo	il più cattivo	il peggiore	cattivissimo	pessimo
grande	il più grande	il maggiore	grandissimo	massimo
piccolo	il più piccolo	il minore	piccolissimo	minimo

Con *buono* e *cattivo* riferiti alle qualità interiori di una persona, si usano generalmente le forme regolari.

*Cristina è una persona di cuore. Ma Linda è ancora **più buona**. È in assoluto **la** persona **più buona** che io abbia mai conosciuto.*

*– Buona questa pizza. È **migliore/più buona** di quella che abbiamo mangiato la volta scorsa, no?*
*– Sì, ma **la migliore** di tutte è quella che fanno da Gino. È davvero **ottima**!*

*Sandro è cattivo, ma Giuliano è ancora **più cattivo**. È **la** persona **più cattiva** tra quelle che conosco.*

*Mamma mia, com'è cattivo questo caffè! È **il peggiore** che abbia mai bevuto. Veramente **pessimo**!*

7 L'avverbio

*Luigi parla sempre **lentamente**.*
*Questo film è **veramente** interessante.*
*Francesca parla **molto bene** il tedesco.*

L'avverbio ha la funzione di definire più precisamente verbi, aggettivi o anche altri avverbi.

7.1 Formazione dell'avverbio

N. E. 1

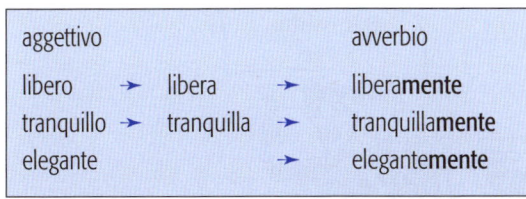

Gli avverbi sono sempre invariabili. Si formano dal femminile dell'aggettivo + *-mente*. Con gli aggettivi in *-e* il suffisso *-mente* si aggiunge direttamente.

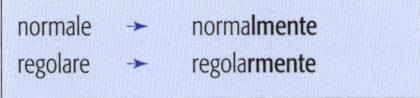

Gli aggettivi in *-le* e *-re* perdono la *-e* finale davanti a *-mente*.

Attenzione:

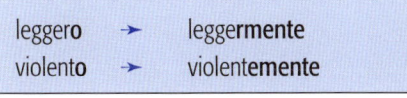

Molti avverbi hanno una forma particolare:
certo, molto, ancora, adesso, presto, tardi, piano, già

Alcuni aggettivi formano avverbi irregolari:
buono → bene
cattivo → male

N. E. 1
N. E. 2

N. E. 1

7.2 Avverbio e aggettivo

*Questa pizza è **buona**: qui si mangia **bene**.*

L'aggettivo descrive un nome, l'avverbio definisce più precisamente un verbo.

*Oggi ho avuto una giornata **normale**.*   (aggettivo)

***Normalmente** vado al lavoro in macchina.*   (avverbio)

7.3 Comparativo e superlativo dell'avverbio

Come per l'aggettivo, anche per alcuni avverbi è possibile avere un grado di comparazione (vedi anche alle pagg. 22-23).
*Luigi parla **lentamente**.*
*Carlo parla ancora **più lentamente**.*
*Silvio parla **lentissimamente**.*

Alle forme in *-issimamente* si preferisce la forma composta: *molto lentamente*.

Quando l'avverbio non termina in *-mente*, il superlativo si forma in *-issimo*:
presto ➤ ***prestissimo***; *tardi* ➤ ***tardissimo***; *piano* ➤ ***pianissimo***.

7.3.1 Forme irregolari

Analogamente agli aggettivi, anche alcuni avverbi hanno forme irregolari al comparativo e al superlativo assoluto.

	comparativo	superlativo assoluto
bene	meglio	benissimo/ottimamente
male	peggio	malissimo/pessimamente
molto	(di) più	moltissimo
poco	(di) meno	pochissimo/minimamente

*L'inglese dovrei parlarlo molto **meglio**, dopo tutti i corsi che ho fatto.*
*Ieri stavo male, ma oggi sto **peggio**.*

8 I pronomi personali

8.1 I pronomi soggetto

Noi andiamo al cinema, vieni anche tu?

N. E. 1

singolare	io
	tu
	lui
	lei
	Lei
plurale	noi
	voi
	loro
	Loro

27

N. E. 1

*Di dove sei? – Sono di Genova. / **Io** sono di Genova. E **tu**?*

Normalmente i pronomi personali soggetto *io, tu...* non si usano, perché il verbo contiene già nella desinenza l'indicazione della persona. I pronomi soggetto si usano soltanto quando si vuole mettere in risalto la persona o se manca il verbo.

***Lei** è francese, signor Dupont?*
*Anche **voi** siete di qui?*
*E **Loro**, signori, che cosa prendono?*

Per la forma di cortesia al singolare si usa il pronome *Lei*. Se si parla a due o più persone si usa la seconda persona plurale *voi*. La forma di cortesia alla terza persona plurale (*Loro*) è molto formale e ormai desueta.

8.2   I pronomi indiretti
N. E. 2

*Ti piace il pesce? **A me** no.*

In italiano i pronomi indiretti hanno forme atone (senza accento proprio) e toniche (con accento proprio).

	forme atone	forme toniche
singolare	mi	a me
	ti	a te
	gli	a lui
	le	a lei
	Le	a Lei
plurale	ci	a noi
	vi	a voi
	gli	a loro

***A me** non ha detto niente, **a lui** (invece) sì.*
Il pronome tonico si usa per dare particolare rilievo al pronome stesso o per evidenziare un contrasto.

*Questo vestito **mi** sembra troppo caro.*
*Questo vestito **a me** sembra troppo caro.*
***A me** questo vestito sembra troppo caro.*
I pronomi indiretti atoni vanno sempre prima del verbo; i pronomi indiretti tonici possono andare prima del verbo o anche prima del soggetto.

*Quando sono lontano, penso sempre **a te**.*
I pronomi indiretti tonici possono andare anche dopo il verbo.

*Questo colore **non le** piace.*
***A lei non** piace questo colore.*
La negazione *non* precede il pronome atono ma segue quello tonico.

8.3 I pronomi diretti

N. E. 1

*Il formaggio **lo** vuole fresco o stagionato?*

	forme atone	forme toniche
singolare	mi	me
	ti	te
	lo	lui
	la	lei
	La	Lei
plurale	ci	noi
	vi	voi
	li	loro
	le	loro

	maschile	femminile
singolare	– Quando vedi **Mario**?	– Quando vedi **Maria**?
	– **Lo** incontro domani.	– **La** incontro domani.
plurale	– Quando vedi **i colleghi**?	– Quando vedi **le colleghe**?
	– **Li** incontro domani.	– **Le** incontro domani.

I pronomi *lo, la li, le* concordano nel genere e nel numero con il nome che sostituiscono.

*L'accompagno/**lo** accompagno domani.*
*L'accompagno/**la** accompagno domani.*
***Li**/**le** accompagno domani.*

I pronomi diretti atoni vanno prima del verbo. Davanti a vocale o *h* i pronomi singolari *lo* e *la* possono prendere l'apostrofo. Al contrario i pronomi plurali *li* e *le* non prendono mai l'apostrofo.

*Dove sono le chiavi? – Non **lo** so.*

(= non so **dove sono le chiavi**)
Lo può anche sostituire una frase.

*Chi vuole? – Vuole **te**.*

I pronomi diretti tonici seguono il verbo e si usano per mettere in risalto il pronome o per evidenziare un contrasto.

I pronomi con preposizione

*Vieni **da me**?*
*Questo è un regalo **per te**.*

Dopo una preposizione si usa sempre il pronome tonico.

8.4 Dislocazione del complemento oggetto

*Il parmigiano **lo** vuole stagionato o fresco?*
***Le olive le** vuole verdi o nere?*

Quando si vuole dare particolare risalto a un oggetto, si mette il nome di questo oggetto all'inizio della frase, seguito dal pronome diretto.

8.5 Verbi con complemento diretto o indiretto

Alcuni verbi sono seguiti da un complemento diretto:

N. E. 1

aiutare		Aiuto Giulio.	Lo/L'aiuto.
ascoltare		Ascolto Anna.	La/L'ascolto.
incontrare	qualcuno	Incontro gli amici.	Li incontro.
ringraziare		Ringraziamo le signore.	Le ringraziamo.
seguire		Segua quell'auto!	La segua!

Altri, invece, da un complemento indiretto:

N. E. 2

chiedere		Chiedo a Gino se parte.	Gli chiedo se parte.
domandare	a qualcuno	Domandi a Lea se viene?	Le domandi se viene?
telefonare		Telefono domani a Marco.	Gli telefono domani.

Molti verbi possono avere un complemento diretto e indiretto:

Stefano scrive una lettera.	La scrive.
Stefano scrive a Mauro.	Gli scrive.

8.6 La particella *ne*

N. E. 1

– *Vorrei **del pane**.*
– *Quanto **ne** vuole?*

ne ho due.
*Hai dei pomodori? – Sì, **ne** ho alcuni.*
ne ho molti.

Ne ha una funzione partitiva: indica una parte di una cosa nominata in precedenza.

*Parla tutto il tempo **di** sport.*
***Ne** parla tutto il tempo.*

Ne può sostituire anche espressioni introdotte dalla preposizione **di**.

8.7 La particella *ci*

*– Vai spesso **a Padova**?*
N. E. 1 *– Sì, **ci** vado spesso.* (*ci* = a Padova)
Ci sostituisce un luogo nominato in precedenza.

*Non penso spesso **alla mia infanzia**.*
N. E. 2 *Non **ci** penso spesso.*
Ci può sostituire anche espressioni introdotte dalla preposizione **a**.

N. E. 3
abituarsi a	Non ti sei abituata **al nuovo orario**?	No, non mi **ci** sono ancora abituata.
credere a	Credi **all'oroscopo**?	No, non **ci** credo affatto.
pensare a	Hai pensato **a quel problema**?	Non ancora, **ci** penserò domani.
rinunciare a	Rinunci spesso **alla macchina**?	Beh, **ci** rinuncio il più possibile.
riuscire a	Sei riuscita **a riparare la macchina**?	Sì, **ci** sono riuscita.

*Marina è una persona simpatica, **ci** (= con lei) parlo sempre volentieri.*
Ci può sostituire anche espressioni con la preposizione **con**.

Ci si trova anche unito ad alcuni verbi, che prendono un particolare significato:

*metter**ci*** = avere bisogno di tempo per fare qualcosa
*rimaner**ci** male* = essere delusi
*tener**ci*** = ritenere importante
*voler**ci*** = occorrere

*Quanto **ci mette** il treno da Milano a Como?*
*Filippo non è venuto alla festa e Sara **ci è rimasta** molto male.*
*Gina **ci tiene** molto ad essere informata dal capo.*
*Quante uova **ci vogliono** per il tiramisù?*

– Chi porta Franco a casa?	*Ci* precede i pronomi diretti *lo, la, li,*
*– **Ce lo** portiamo noi!*	*le* e diventa *ce*.

Ti dovresti essere abituata al computer!	*Ci* invece segue i pronomi *mi, ti, vi.*
***Ti ci** dovresti essere abituata!*	

8.8 Posizione dei pronomi con i verbi servili *dovere, potere, volere, sapere* + infinito

N. E. 2

Gli devi parlare.
= *Devi parlargli.*

Non lo voglio chiamare.
= *Non voglio chiamarlo.*

Ci puoi andare a piedi.
= *Puoi andarci a piedi.*

Lo sai suonare?
= *Sai suonarlo?*

Con i verbi *dovere, potere, volere* e *sapere* + infinito, i pronomi atoni e le particelle pronominali *ci* e *ne* possono precedere o seguire i due verbi; nel secondo caso formano una sola parola con l'infinito, che perde la vocale finale.

pronome	verbo servile	infinito	pronome
Gli	devi	parlare.	
	Devi	parlar-	**-gli.**

8.9 I pronomi diretti con *avere*

N. E. 2

Hai tu i biglietti? – No, ce li ha Simona.
Chi ha il cellulare? – Ce l'ho io!

Se i pronomi diretti *lo, la, li* o *le* precedono il verbo *avere* (non usato come verbo ausiliare, ma per indicare possesso), prima del pronome si inserisce la particella *ci*, che unita al pronome diventa *ce*.

8.10 I pronomi combinati

N. E. 3

Mi presti il vocabolario? – Certo, te lo presto volentieri.
Chi vi ha dato la macchina? – Ce l(a)'ha prestata Giovanni.
Puoi prestare i tuoi CD a Elsa? – Ma sì, glieli presto volentieri.
Gli hai detto del problema? – Sì, gliene ho parlato proprio ieri.

L'incontro di due pronomi atoni dà origine a varie combinazioni. La *-i* del pronome personale diventa *-e*; *gli* e *le* diventano *glie-* e formano una sola parola con il pronome che segue.

N. E. 3

	+ lo	+ la	+ li	+ le	+ ne
(= a me) mi	me lo	me la	me li	me le	me ne
(= a te) ti	te lo	te la	te li	te le	te ne
(= a lui/lei/Lei) gli/le/Le	glielo	gliela	glieli	gliele	gliene
(= a noi) ci	ce lo	ce la	ce li	ce le	ce ne
(= a voi) vi	ve lo	ve la	ve li	ve le	ve ne
(= a loro) gli	glielo	gliela	glieli	gliele	gliene

Per la terza persona plurale esistono anche forme con *loro*.
In questo caso la posizione dei pronomi è diversa:

*Cosa hai detto a Marco e Anna? – Ho detto **loro** di venire da noi a cena domani.*
Si tratta comunque di una forma meno usata.

*I giovani si scrivono **molti messaggi via chat**. Se **li** scrivono ogni giorno.*

*Ogni quanto **ti** lavi **i capelli**? – **Me li** lavo ogni tre giorni.*
Anche i pronomi riflessivi possono combinarsi con i pronomi atoni.

riflessivo	+ lo	+ la	+ li	+ le	+ ne
mi	me lo	me la	me li	me le	me ne
ti	te lo	te la	te li	te le	te ne
si	se lo	se la	se li	se le	se ne
ci	ce lo	ce la	ce li	ce le	ce ne
vi	ve lo	ve la	ve li	ve le	ve ne
si	se lo	se la	se li	se le	se ne

8.10.1 Posizione dei pronomi combinati

*Sono tuoi questi occhiali? – Oh, sì, dam**meli** per favore!*
*Mi presti la macchina? – Oggi no, ma posso prestar**tela** domani.*
*Mino ti ha poi prestato quel libro? – Sì, ma dando**melo** mi ha pregato di fare attenzione.*

La posizione dei pronomi combinati corrisponde a quella dei normali pronomi. In presenza di verbi all'imperativo (2ª persona singolare e plurale), infinito e gerundio, i pronomi combinati seguono il verbo e formano con esso una sola parola.

| imperativo | infinito | gerundio |
| dam**meli**! | presta**rtela** | dando**melo** |

9 I pronomi relativi

che

N. E. 2

*La ragazza **che** canta è una mia cara amica.* (soggetto)
*Come si chiamano i ragazzi **che** hai conosciuto ieri?* (complemento diretto)
Il pronome relativo *che* può avere funzione di soggetto o di complemento diretto.

cui

*Questo è il libro **di cui** ti ho parlato.*
*I bambini **con cui** gioca Sara sono molto simpatici.*
Dopo una preposizione si usa sempre il pronome relativo *cui*.

Che e *cui* sono invariabili e possono riferirsi a persone o cose.

il quale/la quale/i quali/le quali

*Il figlio di Giuliana, **la quale** conosce bene Antonio, è andato a lavorare da lui.*
*È un amico **per il quale** farei di tutto.*
*Non sono molti i colleghi **con i quali** mi trovo davvero bene.*

I pronomi relativi *il quale/la quale/i quali/le quali* possono sostituire *che* o *cui*. Ma, a differenza di *che* e *cui,* si accordano nel genere e nel numero con il nome a cui si riferiscono. Si usano soprattutto nella lingua scritta o per evitare ambiguità.

colui che

Colui che *indovinerà per primo riceverà il premio.*

Il pronome relativo *colui che* si riferisce solo a persone e si usa generalmente solo nella lingua scritta. Esistono anche forme al femminile e al plurale:

	singolare	plurale
maschile	colui che	coloro che
femminile	colei che	coloro che

Colui che e *colei che* corrispondono a *chi* o *quello che/quella che*; *coloro* corrisponde a *quelli/quelle che*:

*Una vera amica è **colei che** (= chi/quella che) ti sa capire.*
*Non ti dimenticare di **coloro che** (= quelli che) ti sono veramente amici.*

il cui/la cui/i cui/le cui

*Alice, **il cui** fratello vive a Londra, non parla inglese.*
*Marco, **la cui** madre è francese, parla tre lingue.*
*Sono problemi **i cui** effetti si vedranno tra poco tempo.*
*Francesco, **le cui** canzoni sono famosissime, darà un concerto a Roma.*

I pronomi relativi *il cui/la cui/i cui/le cui* significano *del quale/della quale/dei quali/delle quali*. L'articolo concorda nel genere e nel numero con il nome che segue.

10 Aggettivi e pronomi dimostrativi

N. E. 1

Questa *macchina è molto bella.*   (aggettivo dimostrativo)
Questa *invece no.*   (pronome dimostrativo)

Gli aggettivi dimostrativi accompagnano i nomi, i pronomi dimostrativi sostituiscono i nomi. Aggettivi e pronomi dimostrativi concordano nel genere e nel numero con il nome a cui si riferiscono.

questo

Questo/questa/questi/queste si riferiscono a persone o cose vicine alla persona che parla.

aggettivo dimostrativo
Questo vestito è stretto.
Questa casa è cara.
Questi libri sono interessanti.
Queste scarpe sono strette.

Quest'anno andiamo in vacanza a Ischia.
Quest'isola è davvero un paradiso.
Questo e *questa* al singolare possono avere l'apostrofo se il nome che segue inizia per vocale.

pronome dimostrativo
Questo è Giovanni.
Questa è Maria.
Questi sono Giovanni e Marco.
Queste sono Maria e Anna.

quello

Quello/quella/quelli/quelle si riferiscono a persone o cose lontane dalla persona che parla.

	maschile		femminile	
	singolare	plurale	singolare	plurale
+ consonante	**quel** gelato	**quei** gelati	**quella** camera	**quelle** camere
+ vocale	**quell'**amico	**quegli** amici	**quell'**amica	**quelle** amiche
+ s + consonante	**quello** straniero	**quegli** stranieri		
+ z	**quello** zaino	**quegli** zaini		

L'aggettivo dimostrativo *quello* termina con le forme dell'articolo determinativo:
il bambino ➤ *quel* bambino; *l'*isola ➤ *quell'*isola; *gli* studenti ➤ *quegli* studenti; ecc.

pronome dimostrativo

Questo maglione è troppo caro. Preferisco **quello**.
Questa camicia è troppo cara. Preferisco **quella**.
Questi maglioni sono troppo cari. Preferisco **quelli**.
Queste scarpe sono troppo care. Preferisco **quelle**.

Quando *quello* è usato come pronome, cambia soltanto la lettera finale.

11 I possessivi

11.1 Gli aggettivi possessivi

N. E. 1

Gli aggettivi possessivi concordano nel genere e nel numero con il nome a cui si riferiscono.

	maschile		femminile	
	singolare	plurale	singolare	plurale
io	il mio	i miei	la mia	le mie
tu	il tuo	i tuoi	la tua	le tue
lui/lei	il suo	i suoi	la sua	le sue
Lei	il Suo libro	i Suoi amici	la Sua camera	le Sue amiche
noi	il nostro	i nostri	la nostra	le nostre
voi	il vostro	i vostri	la vostra	le vostre
loro	il loro	i loro	la loro	le loro

Enrico viene con **il suo** amico italiano.
Anna legge **il suo** libro.
Marta parla con **una sua** amica inglese.
Giuliano ha accompagnato a casa **le sue** amiche.
Suo significa sia *di lui* che *di lei*.
Lo stesso vale per *sua, sue, suoi*.

Sandro e Maria hanno una macchina. **La loro** macchina è nuova.
Loro è invariabile, solo l'articolo cambia.

*Ti presento **mio** fratello.*
Di solito l'aggettivo possessivo è preceduto da un articolo (determinativo o indeterminativo). Non si usa l'articolo con i nomi di parentela (*padre, madre, fratello, sorella, zio, cugina, ecc.*) usati al singolare.

Nei seguenti casi si usa invece l'articolo:

*il **loro** padre*	con l'aggettivo possessivo *loro*
*i **tuoi** fratelli*	al plurale
*la **mia** sorellina* *la **mia** mamma, il **mio** papà*	con le forme alterate con i nomi affettivi
*il **suo** fratello **minore*** *la **mia** cara nonna*	con un aggettivo
*il **mio** zio **di Milano***	con un complemento

11.2   I pronomi possessivi

N. E. 3

*Prestami la tua bicicletta, **la mia** è rotta.*
*Ho lasciato a casa i miei occhiali da sole. Mi dai **i tuoi**?*
*Nostro figlio va molto d'accordo con **il vostro**.*

I pronomi possessivi sono usati per evitare la ripetizione del sostantivo. Sono sempre preceduti dall'articolo determinativo.

11.3   I possessivi con il verbo *essere*

N. E. 3

*Di chi è quest'ombrello? – È **mio**.*
*Signora, sono **suoi** questi guanti? – Sì, sono **miei**.*

È mio, è tuo, sono miei, ecc. indicano il possesso di qualcosa. Si usano senza l'articolo determinativo.

11.4 I pronomi possessivi con valore sostantivale

*È molto che non vedo **i tuoi**.*

In alcuni casi i pronomi possessivi sottintendono un nome.
Ecco qualche esempio:

i genitori	*Lina non vive più con **i suoi**.*
una lettera	*Carissima, rispondo **alla tua** con un po' di ritardo.*
un'opinione	*Ho il diritto di dire **la mia**!*
salute (in un brindisi)	*Beviamo **alla vostra**!*

11.5 Posizione degli aggettivi possessivi
N. E. 3

Normalmente gli aggettivi possessivi precedono un nome.
In alcune espressioni fisse però seguono il nome:

*Ma perché non si fa **gli affari Suoi**?*   *Per colpa loro ho perso l'aereo.*
*Scusa, ma questi sono **fatti miei**.*   *È la prima volta **in vita mia** che fumo*
*Domani vieni a **casa mia**?*   *la pipa.*
*Saluti **da parte nostra**!*   ***Dio mio**, che emozione!*
*Vorrei lavorare **per conto mio**.*   ***Mamma mia**, che paura!*
Per merito vostro abbiamo finito presto.

12 Gli indefiniti

poco, molto/tanto, troppo
N. E. 2

Poco, molto/tanto, troppo possono essere usati come aggettivi, pronomi o avverbi.

aggettivi indefiniti
*Ho **poco** tempo.*
*Hanno **tante** cose da fare.*

Come aggettivi e pronomi, concordano nel genere e nel numero con il nome a cui si riferiscono.

pronomi indefiniti
*Hai comprato delle uova? – Sì, ma **poche**.*
*Quanti amici hai? – **Molti**.*

avverbi indefiniti

*Ho mangiato **troppo**.*
*Abbiamo studiato **poco**.*
*Il corso è stato **poco** interessante.*
*Ho una casa **molto** bella.*

Come avverbi, invece, sono invariabili.

qualche

*Ho avuto **qualche** problema.*
*Oggi c'è **qualche** nuvola.*
***Qualche volta** dopo mangiato faccio una passeggiata.*
Qualche indica una piccola quantità e accompagna sempre un nome al singolare.

tutto

*Ho studiato **tutto il** giorno.*
*Ho studiato **tutta la** mattina.*
*Ho studiato **tutti i** giorni.*
*Ho studiato **tutte le** mattine.*
Tutto di solito è seguito dall'articolo determinativo.

ogni

*Mangio **ogni** giorno una mela.*
*Guardo la TV **ogni** sera.*
Ogni è invariabile; il nome seguente è sempre al singolare.

nessuno/-a

Nessuno può avere funzione di aggettivo o di pronome; non ha il plurale.

N. E. 2

Come **aggettivo** (accompagna un nome):

*Non ho **nessuna** voglia di andare al cinema.*
*Non ho **nessun** programma per domani.*
*Non abbiamo **nessun'**altra possibilità.*
*Quest'anno a teatro non c'è **nessuno** spettacolo che m'interessa.*
In questo caso *nessuno* segue le regole dell'articolo indeterminativo.

Come **pronome** (sostituisce un nome):

*Non è ancora arrivato **nessuno**.*
*Non ho sentito **nessuna** delle due ragazze.*
***Nessuno** vuole venire.*
Se *nessuno/-a* si trova all'inizio della frase, non c'è la doppia negazione.

qualcuno/-a

N. E. 2

Qualcuno è un pronome e si usa esclusivamente al singolare.

*Ti viene in mente **qualcuno**?*
*Conosci **qualcuna** delle sue amiche?*

13 Il verbo

I verbi regolari si dividono in tre coniugazioni: verbi con l'infinito in *-are* (1ª coniugazione), in *-ere* (2ª coniugazione), in *-ire* (3ª coniugazione).

1ª coniugazione	2ª coniugazione	3ª coniugazione
abit**are**	prend**ere**	dorm**ire**, prefer**ire**

13.1 Il presente

N. E. 1

13.1.1 Verbi regolari

	abitare	prendere	dormire	preferire
(io)	abit**o**	prend**o**	dorm**o**	prefer**isco**
(tu)	abit**i**	prend**i**	dorm**i**	prefer**isci**
(lui/lei/Lei)	abit**a**	prend**e**	dorm**e**	prefer**isce**
(noi)	abit**iamo**	prend**iamo**	dorm**iamo**	prefer**iamo**
(voi)	abit**ate**	prend**ete**	dorm**ite**	prefer**ite**
(loro)	abit**ano**	prend**ono**	dorm**ono**	prefer**iscono**

La terza persona singolare si usa anche per la forma di cortesia:
Signor Rossi, dove abita?

	are	ere	ire
(io)	-o	-o	-o
(tu)	-i	-i	-i
(lui/lei/Lei)	-a	-e	-e
(noi)	-iamo	-iamo	-iamo
(voi)	-ate	-ete	-ite
(loro)	-ano	-ono	-ono

Le desinenze *-o, -i, -iamo* sono uguali per le tre coniugazioni.

Molti verbi in *-ire* (come *preferire*) inseriscono *-isc-* prima della desinenza al singolare e alla terza persona plurale. Seguono questo tipo di coniugazione i verbi *capire, costruire, finire, pulire, spedire, unire*, ecc.

13.1.2 Verbi irregolari al presente

N. E. 1

In italiano alcuni verbi hanno forme irregolari al presente. Ecco una lista dei verbi irregolari più importanti:

andare	fare	stare
avere	potere	tenere
bere	rimanere	uscire
dare	riuscire	venire
dire	sapere	volere
dovere	scegliere	
essere	sedere	

Per la coniugazione di questi verbi vedi l'Appendice alle pagg. 93-95.

13.1.3 Verbi in *-care/-gare, -ciare/-giare, -gere* e *-scere*

N. E. 1

	gio**care**	pa**gare**	comin**ciare**	man**giare**	leg**gere**	cono**scere**
(io)	gioco	pago	comincio	mangio	leggo	conosco
(tu)	gio**chi**	pa**ghi**	cominci	mangi	leggi	conosci
(lui/lei/Lei)	gioca	paga	comincia	mangia	legge	conosce
(noi)	gio**chi**amo	pa**ghi**amo	cominciamo	mangiamo	leggiamo	conosciamo
(voi)	giocate	pagate	cominciate	mangiate	leggete	conoscete
(loro)	giocano	pagano	cominciano	mangiano	leggono	conoscono

Con i verbi in *-care/-gare* si inserisce una *-h-* alla seconda persona singolare e alla prima persona plurale; in questo modo la pronuncia di *c* e *g* rimane la stessa per tutte le persone.

Nei verbi in *-ciare/-giare* le desinenze della seconda persona singolare e della prima plurale hanno una sola *i*.

Nei verbi in *-gere* e *-scere* la pronuncia della *g* e della *sc* cambia a seconda della vocale che segue:
leggo [-go], *leggi* [-dʒi], *conosco* [-sko], *conosci* [-ʃi].

13.2 Il verbo *piacere*

N. E. 1

Il verbo *piacere* può essere accompagnato da un infinito o da un nome.

Mi piace leggere.
Con un infinito, si usa la terza persona singolare.

Vi piace questa musica? (singolare)
Mi piacciono molto le penne al pomodoro.
(plurale)
Con un nome al singolare, il verbo *piacere* va alla terza persona singolare; con un nome al plurale, va alla terza persona plurale.

13.3 *c'è, ci sono*

N. E. 1

C'è un parcheggio qui vicino?
A Venezia in questo periodo ci sono molti turisti.
C'è si usa con i nomi al singolare, *ci sono* con i nomi al plurale.

Osservate la differenza tra *c'è/ci sono* e *dov'è/dove sono*:
C'è un ristorante qui vicino? (= non so se ne esiste uno)
Dov'è il ristorante «Al sole»? (= so che esiste e chiedo un'informazione precisa)

13.4 Il verbo *sapere*

N. E. 2

Gianna sa suonare molto bene il pianoforte.
Il verbo *sapere* ha anche il significato di *essere capace di*.

13.5 Sapere o potere?

*Giuliano non **sa** cantare: è veramente stonato.*
*Anna oggi non **può** cantare, ha il mal di gola.*
*Filippo per un mese non **può** giocare a tennis, perché ha un braccio rotto.*

Non sapere qui indica la mancanza di abilità nel fare qualcosa; *non potere*, invece, l'impossibilità di fare qualcosa, a causa di altri fattori indipendenti dall'abilità personale.

N. E. 2

13.6 I verbi riflessivi

	riposarsi
(io)	**mi** riposo
(tu)	**ti** riposi
(lui/lei/Lei)	**si** riposa
(noi)	**ci** riposiamo
(voi)	**vi** riposate
(loro)	**si** riposano

N. E. 1

Nella coniugazione dei verbi riflessivi al presente, il pronome riflessivo precede sempre il verbo.

*Domani **mi** alzo presto.*
*Domani **non mi** alzo presto.*

La negazione *non* va prima del pronome riflessivo.

Alcuni verbi riflessivi:

| **alzarsi** | **annoiarsi** | **chiamarsi** | **divertirsi** | **informarsi** |
| **lavarsi** | **mettersi** | **riposarsi** | **svegliarsi** | **vestirsi** |

13.6.1 Verbi transitivi con pronomi riflessivi

*Gabriele **si** mangia un gelato.*

N. E. 3

Nella lingua parlata sono spesso usate le costruzioni di verbi transitivi (che possono avere, cioè, un oggetto dopo di sé) con i pronomi riflessivi. Hanno un valore espressivo, sottolineano cioè la maggiore partecipazione del soggetto all'azione.

Angelo mangia la torta.   *Angelo si mangia la torta.*

Ho mangiato un bel piatto di pasta.
Mi sono mangiato/-a *un bel piatto di pasta.*

Nei tempi composti si usa l'ausiliare *essere*; il participio passato concorda nel genere e nel numero con il soggetto.

13.7 La costruzione impersonale e il *si* passivante

13.7.1 La costruzione impersonale

Da «Pino» ***si mangia*** *bene.*
La costruzione impersonale è formata da *si* + verbo alla terza persona singolare.

Se ***si è amici****, è importante essere sinceri.*   (= se siamo amici… siamo sinceri)
Non ***si deve essere*** *troppo severi.*   (= non dobbiamo essere troppo severi)
Nella costruzione impersonale con *essere*, i nomi e gli aggettivi generalmente sono al maschile plurale.

Se ***si è mangiato*** *troppo, è meglio restare un po' a dieta.*   (se abbiamo **mangiato**)
Si è riusciti *ad evitare la speculazione edilizia.*   (siamo **riusciti**)
Nella costruzione impersonale i verbi ai tempi composti (per es. al passato prossimo) hanno l'ausiliare *essere* alla 3ª persona singolare; il participio passato va al singolare o al plurale, analogamente alla forma non impersonale.

13.7.2 La costruzione impersonale con i verbi riflessivi

N. E. 3

***Ci si sposa** sempre meno e **ci si separa** sempre di più.*
La forma impersonale dei verbi riflessivi è composta da *ci* + 3ª persona singolare del verbo.

*Ultimamente **ci si è abituati** all'uso delle e-mail.*   (**ci siamo** abituati)
Nella costruzione impersonale i tempi composti (per es. il passato prossimo) hanno l'ausiliare *essere*; il participio passato va al maschile (o al femminile) plurale.

13.7.3 La costruzione con il *si* passivante

N. E. 1

*Qui **si parla** francese.*
*Qui **si parlano** quattro lingue.*
Se dopo *si* + verbo c'è un nome al singolare, il verbo va alla terza persona singolare; se il nome è al plurale, il verbo va alla terza persona plurale.

*Alla festa **si è parlato** solo italiano.*
*Alla festa **si sono parlate** molte lingue.*

N. E. 3

Con i tempi composti si usa l'ausiliare *essere* alla 3ª persona singolare o plurale; il participio passato si accorda con il nome a cui si riferisce.

13.7.4 Altri modi per esprimere la costruzione impersonale e il *si* passivante

N. E. 3

- Con il pronome indefinito *uno*:
  ***Uno** si abitua facilmente alle comodità.*

- Con il verbo alla 3ª persona plurale:
  *Spesso **dicono** che il nuoto è lo sport più completo.*
  ***Hanno aperto** un nuovo centro commerciale.*
  *Che film **danno** stasera?*

- Con un passivo:
  *Qua **sarà/verrà costruita** una nuova scuola.*
  *In maggio **sono stati aggiunti** due nuovi reparti.*

13.8 Il passato prossimo

N. E. 1

*Marina **ha mangiato** un gelato.*
*Simona e Luca **sono andati** a Bologna.*
Il passato prossimo si forma con il presente di *avere* o *essere* +
il participio passato del verbo.

Il participio passato dei verbi regolari:

infinito	participio passato
mangiare	mangiato
avere	avuto
partire	partito

infinito	participio passato
-are	-ato
-ere	-uto
-ire	-ito

Il passato prossimo con *avere*:

	avere	participio passato
(io)	ho	mangiato
(tu)	hai	mangiato
(lui/lei/Lei)	ha	mangiato
(noi)	abbiamo	mangiato
(voi)	avete	mangiato
(loro)	hanno	mangiato

Il passato prossimo con *essere*:

	essere	participio passato
(io)	sono	andato/-a
(tu)	sei	andato/-a
(lui/lei/Lei)	è	andato/-a
(noi)	siamo	andati/-e
(voi)	siete	andati/-e
(loro)	sono	andati/-e

*Davide **è andato** a Stromboli.*
*Daniela **è andata** a Bormio.*
*Davide e Daniela **sono andati** in vacanza.*
*Daniela e Maria **sono andate** al lavoro.*

*Davide **non è andato** a Firenze.*

Nel passato prossimo con *avere* il participio passato è invariabile.
Nel passato prossimo con *essere* il participio passato concorda nel genere e nel numero con il soggetto.

La negazione *non* va prima di *essere* o *avere*.

13.8.1 Usi particolari degli ausiliari *essere* e *avere*

Anna **ha passeggiato** per le vie del centro. Ho **nuotato** mezz'ora in piscina.	Alcuni verbi di movimento come *ballare, camminare, nuotare, passeggiare, sciare, viaggiare* formano il passato prossimo con *avere*.
La mostra mi **è piaciuta** molto. Il concerto **è durato** un'ora e mezza.	I verbi *piacere* e *durare* formano il passato prossimo con *essere*. N. E. 2

Alcuni verbi formano il passato prossimo con *avere* o con *essere*, a seconda dell'uso transitivo o intransitivo.   N. E. 2

cominciare:
Tullio **ha cominciato** a studiare.
Il corso **è cominciato** lunedì.

finire:
Ho finito di leggere il libro.
Il concerto **è finito** tardi.

cambiare:
Monica **ha cambiato** casa.
Giulia è molto **cambiata**.

È così anche per *correre, passare, salire* e *scendere*.

Molti verbi, soprattutto quelli in *-ere*, hanno un participio passato irregolare.   N. E. 1

aprire	**aperto**	mettere	**messo**
bere	**bevuto**	perdere	**perso / perduto**
chiedere	**chiesto**	prendere	**preso**
chiudere	**chiuso**	rimanere	**rimasto**
coprire	**coperto**	rispondere	**risposto**
decidere	**deciso**	rompere	**rotto**
dire	**detto**	scegliere	**scelto**
essere	**stato**	scrivere	**scritto**
fare	**fatto**	spendere	**speso**
leggere	**letto**	vedere	**visto / veduto**
		venire	**venuto**

13.8.2 Il passato prossimo dei verbi riflessivi

N. E. 1

*A luglio **ci siamo trasferiti** nella nuova casa.*
*Ieri Cristina **si è alzata** prestissimo.*

Il passato prossimo dei verbi riflessivi si forma con l'ausiliare *essere*.
Il participio passato concorda nel genere e nel numero con il soggetto.

(io)	mi sono	
(tu)	ti sei	trasferito/trasferita
(lui/lei/Lei)	si è	
(noi)	ci siamo	
(voi)	vi siete	trasferiti/trasferite
(loro)	si sono	

13.8.3 Il passato prossimo con i verbi servili *dovere, potere, volere*

N. E. 2

*Flavia **ha voluto** mangiare con gli amici.*
*Sonia è **voluta** restare ancora una settimana in campagna.*

I verbi *dovere, potere, volere* seguiti da un infinito possono formare il passato prossimo con *avere* o con *essere*, a seconda dell'ausiliare richiesto dal verbo che si trova all'infinito.

*Noi **abbiamo finito** il lavoro ieri.* *Noi **abbiamo dovuto** finire il lavoro ieri.*
*Claudio è **restato** a casa.* *Claudio è **voluto** restare a casa.*

Se l'infinito che segue il verbo servile forma il passato prossimo con *avere*, allora anche il passato prossimo del verbo servile si forma con *avere*; analogamente se l'infinito che segue il verbo servile forma il passato prossimo con *essere*, allora anche il passato prossimo del verbo servile si forma con *essere*.

Oggi nella lingua parlata sono diffuse anche forme con *avere*, del tipo:
***Abbiamo voluto** partire alle 8.*

Quando i verbi *dovere, potere, volere* reggono un verbo riflessivo, si può usare l'ausiliare *essere* oppure *avere*:

alzarsi

Daniela **si è dovuta alzare** presto.

Si usa *essere*, quando il pronome riflessivo precede il verbo; il participio passato concorda con il soggetto.

Daniela **ha dovuto alzarsi** presto.

Si usa *avere*, quando il pronome riflessivo è unito all'infinito; in questo caso il participio passato non concorda con il soggetto.

13.8.4   La concordanza del participio passato con i pronomi diretti e con *ne*

N. E. 2

Hai visto il film? – Sì, l'ho visto. (il film)
Hai chiuso la finestra? – Sì, l'ho chiusa. (la finestra)
Hai chiamato i ragazzi? – Sì, li ho chiamati. (i ragazzi)
Hai spedito le lettere? – No, non le ho ancora spedite. (le lettere)

Quando il passato prossimo è preceduto dai pronomi diretti *lo, la, li, le*, il participio passato concorda nel genere e nel numero con il pronome.

Quanti panini hai mangiato? – Ne ho mangiati tre.
Quante cassette hai portato? – Ne ho portata solo una.

Se il verbo al passato prossimo è preceduto da *ne* (in funzione partitiva), il participio concorda nel genere con la parola a cui *ne* si riferisce (*panini, cassette*) e nel numero con la quantità indicata successivamente *(tre, una)*.

Attenzione!

Hai scritto a Marcella? – No, non le ho ancora scritto.
Hai telefonato ai ragazzi? – Sì, gli ho telefonato prima.

Con i pronomi indiretti invece il participio passato rimane invariato.

13.9 L'imperfetto

N. E. 2

Verbi regolari

parlare	vivere	dormire
parl**avo**	viv**evo**	dorm**ivo**
parl**avi**	viv**evi**	dorm**ivi**
parl**ava**	viv**eva**	dorm**iva**
parl**avamo**	viv**evamo**	dorm**ivamo**
parl**avate**	viv**evate**	dorm**ivate**
parl**avano**	viv**evano**	dorm**ivano**

Verbi irregolari

essere	bere	dire	fare
ero	bevevo	dicevo	facevo
eri	bevevi	dicevi	facevi
era	beveva	diceva	faceva
eravamo	bevevamo	dicevamo	facevamo
eravate	bevevate	dicevate	facevate
erano	bevevano	dicevano	facevano

13.9.1 Uso dell'imperfetto

N. E. 2

L'imperfetto si usa per:

*Da bambina **andavo** spesso in montagna.* raccontare azioni abituali nel passato
*Mia nonna **era** molto bella.* descrivere caratteristiche di persone
*Il treno **era** molto lento.* descrivere oggetti
*Alla festa **c'era** molta gente.* descrivere situazioni al passato

13.9.2 Uso del passato prossimo e dell'imperfetto

N. E. 2

passato prossimo

*Ieri sera **siamo andati** al cinema.*
***Ho abitato** a Londra per cinque anni.*
Il passato prossimo si usa per esprimere un'azione del passato che si è conclusa.

*Martedì **siamo tornati** tardi.*
Il passato prossimo esprime un'azione accaduta una sola volta o un numero preciso di volte.

imperfetto

*In quel periodo **avevo** molti amici.*
*I miei nonni **abitavano** in campagna.*
Con l'imperfetto invece si esprime una situazione al passato di durata indeterminata.

*Normalmente **tornavamo** presto.*
L'imperfetto descrive invece un'azione abituale oppure un'azione che si ripeteva regolarmente.

Quando si raccontano più azioni al passato, si usa

il passato prossimo:

Sono uscito di casa, ho comprato un giornale e sono andato al bar.
per parlare di eventi che sono accaduti in successione, uno dopo l'altro;

l'imperfetto:

Mentre guidavo, Sergio controllava la cartina.
per parlare di una serie di eventi accaduti contemporaneamente e di durata indefinita;

l'imperfetto e il passato prossimo:

Mentre leggevo, è entrata una ragazza.
un'azione non è ancora finita, quando ne comincia un'altra; la prima va all'imperfetto, quella nuova al passato prossimo.

L'imperfetto si usa spesso con le seguenti locuzioni temporali:

normalmente
Normalmente d'estate **andavo** al mare.

di solito
Di solito la sera **andavamo** a ballare.

da bambino/-a
Da bambina **leggevo** moltissimo.

da piccolo/-a
Da piccolo **avevo** un cane.

13.9.3   Uso del verbo *volere* all'imperfetto

N. E. 2

Il verbo *volere* all'imperfetto si usa per

chiedere gentilmente qualcosa in modo informale:
Volevo due etti di parmigiano.

esprimere un'intenzione o un desiderio di cui si ignora la realizzazione effettiva:
*Stasera **volevamo** andare a trovare Pino.* (= chi ascolta non sa se ci sono effettivamente andati o no)

13.9.4 I verbi *sapere* e *conoscere*

N. E. 2

I verbi *sapere* e *conoscere* hanno due significati diversi al passato prossimo e all'imperfetto.

Ho saputo da Ugo che ti sposi.	= venire a sapere qualcosa da qualcuno, ricevere una notizia
Non **sapevo** che abitavi a Roma.	= essere (o non essere) a conoscenza di qualcosa da molto tempo
Ieri **ho conosciuto** Michele.	= fare la conoscenza di qualcuno, incontrare per la prima volta
Antonio lo **conoscevo** già da un anno.	= conoscere qualcuno o qualcosa da tempo

13.10 Il trapassato prossimo

N. E. 3

(io)	avevo mangiato	ero andato/-a
(tu)	avevi mangiato	eri andato/-a
(lui/lei/Lei)	aveva mangiato	era andato/-a
(noi)	avevamo mangiato	eravamo andati/-e
(voi)	avevate mangiato	eravate andati/-e
(loro)	avevano mangiato	erano andati/-e

Il trapassato prossimo si forma con le forme dell'imperfetto di *essere* o *avere* + il participio passato del verbo.

*Quando sono arrivato a casa, mia moglie **aveva** già **mangiato**.*
*Dopo aver visto le valigie ho capito che Angela non **era** ancora **partita**.*
*Era una persona che io non **avevo** mai **visto** prima.*

Il trapassato prossimo si usa per esprimere un'azione passata avvenuta prima di un'altra, anch'essa al passato. Spesso si trova insieme ad espressioni come *già, non… ancora, non… mai;* queste si inseriscono in genere tra l'ausiliare e il participio passato *(già)* o tra soggetto, ausiliare e participio passato *(non… ancora, non… mai).*

13.11 Il passato remoto

Verbi regolari

	abitare	credere	dormire
(io)	abitai	credei/credetti	dormii
(tu)	abitasti	credesti	dormisti
(lui/lei/Lei)	abitò	credé/credette	dormì
(noi)	abitammo	credemmo	dormimmo
(voi)	abitaste	credeste	dormiste
(loro)	abitarono	crederono/credettero	dormirono

I verbi regolari in *-ere* possono avere due forme alla 1ª e alla 3ª persona singolare e alla 3ª persona plurale.

Verbi irregolari

Sono soprattutto verbi in *-ere*; le irregolarità sono alla 1ª e alla 3ª persona singolare *(io, lui/lei/Lei)* e alla 3ª persona plurale *(loro)*. Ecco una lista dei verbi più usati:

avere	**ebbi, avesti, ebbe, avemmo, aveste, ebbero**
bere	**bevvi, bevesti, bevve, bevemmo, beveste, bevvero**
chiedere*	**chiesi, chiedesti, chiese, chiedemmo, chiedeste, chiesero**
conoscere	**conobbi, conoscesti, conobbe, conoscemmo, conosceste, conobbero**
dare	**diedi/detti, desti, diede/dette, demmo, deste, diedero/dettero**
dire**	**dissi, dicesti, disse, dicemmo, diceste, dissero**
essere	**fui, fosti, fu, fummo, foste, furono**
fare	**feci, facesti, fece, facemmo, faceste, fecero**
nascere	**nacqui, nascesti, nacque, nascemmo, nasceste, nacquero**
sapere	**seppi, sapesti, seppe, sapemmo, sapeste, seppero**
stare	**stetti, stesti, stette, stemmo, steste, stettero**
tenere	**tenni, tenesti, tenne, tenemmo, teneste, tennero**
vedere	**vidi, vedesti, vide, vedemmo, vedeste, videro**
venire	**venni, venisti, venne, venimmo, veniste, vennero**
volere	**volli, volesti, volle, volemmo, voleste, vollero**

* formano ugualmente il passato remoto in -*si*:

chiudere	**chiusi**	prendere	**presi**
correre	**corsi**	ridere	**risi**
decidere	**decisi**	rispondere	**risposi**
mettere	**misi**	scendere	**scesi**
perdere	**persi/perdei/perdetti**	spendere	**spesi**

** formano ugualmente il passato remoto in -*ssi*:

discutere	**discussi**	scrivere	**scrissi**
leggere	**lessi**	succedere	**successe**
produrre	**produssi**	vivere	**vissi**

13.11.1 Uso del passato remoto

*La prima guerra mondiale **finì** nel 1918.*
Il passato remoto indica un'azione conclusa nel passato, senza effetti sul presente.

*L'invenzione dell'auto **ha avuto** un ruolo determinante nello sviluppo della società.*
Il passato prossimo invece descrive un'azione con effetti che durano ancora nel presente.

Il passato remoto è usato soprattutto nei testi letterari e nelle rappresentazioni storiche. Nella lingua orale viene usato correntemente (rispettando anche la differenza di significato con il passato prossimo) solo in Toscana e in alcune regioni dell'Italia centro-meridionale.

13.11.2 Passato remoto e imperfetto

*Dormivo da un paio d'ore quando **squillò**/**è squillato** il telefono.*
L'uso del passato remoto e dell'imperfetto è uguale a quello del passato prossimo e dell'imperfetto (cfr. paragrafo 13.9.2).

13.12 Il futuro semplice

Verbi regolari

essere

abitare	vendere	partire	spedire	
abit**erò**	vend**erò**	part**irò**	sped**irò**	sarò
abit**erai**	vend**erai**	part**irai**	sped**irai**	sarai
abit**erà**	vend**erà**	part**irà**	sped**irà**	sarà
abit**eremo**	vend**eremo**	part**iremo**	sped**iremo**	saremo
abit**erete**	vend**erete**	part**irete**	sped**irete**	sarete
abit**eranno**	vend**eranno**	part**iranno**	sped**iranno**	saranno

Nei verbi in *-are* la *-a-* dell'infinito diventa *-e-*:
abitare → abiterò
Fanno eccezione i seguenti verbi:
dare → darò; fare → farò; stare → starò

I verbi in *-care* e *-gare* aggiungono una *-h-* prima della desinenza:
cercare → cercherò; pagare → pagherò

I verbi in *-ciare* e *-giare* perdono la *-i-*:
cominciare → comincerò; mangiare → mangerò

Alcuni verbi perdono la vocale precedente la desinenza *-re* dell'infinito:
avere → avrò, avrai, avrà, avremo, avrete, avranno

Così anche:
andare → andrò   sapere → saprò
dovere → dovrò   vedere → vedrò
potere → potrò   vivere → vivrò

Altri verbi irregolari:
rimanere → rimarrò, rimarrai, rimarrà, rimarremo, rimarrete, rimarranno

Così anche:
bere → berrò   venire → verrò
tenere → terrò   volere → vorrò

13.12.1 Uso del futuro semplice

	Il futuro si usa:
*Domenica **andremo** al mare.*	per descrivere eventi che accadranno nel futuro
*Che dici? Questo pesce **sarà fresco**?*	per fare supposizioni

Con il futuro si usano spesso queste locuzioni temporali:

fra/tra
Fra/tra due mesi mi sposerò.

quando
Quando avrò 60 anni farò il giro del mondo.

prima o poi
Prima o poi dovrò cambiare lavoro.

13.13 Il futuro anteriore

(io)	avrò mangiato	sarò andato/-a
(tu)	avrai mangiato	sarai andato/-a
(lui/lei/Lei)	avrà mangiato	sarà andato/-a
(noi)	avremo mangiato	saremo andati/-e
(voi)	avrete mangiato	sarete andati/-e
(loro)	avranno mangiato	saranno andati/-e

Il futuro anteriore si forma con il futuro semplice di *essere* o *avere* + il participio passato del verbo.

13.13.1 Uso del futuro anteriore

*Quando **avrò finito** questo lavoro andrò in vacanza.* (prima finisco, poi vado)
*Appena **sarò arrivata** a casa ti telefonerò.* (prima arrivo, poi ti telefono)
*Partiremo dopo che **ci saremo riposati**.* (prima ci riposiamo, poi partiamo)

Il futuro anteriore si usa in una proposizione secondaria per indicare un'azione anteriore a un'altra, espressa al futuro semplice. Si usa generalmente insieme a congiunzioni come *quando, dopo che, (non) appena*.

– *Tuo marito non è ancora arrivato?*
– *Mah, **avrà trovato** traffico…*   (= forse ha trovato traffico, suppongo che abbia trovato traffico)

Il futuro anteriore si usa anche per esprimere supposizioni nel passato.

13.14   Il condizionale presente

N. E. 2

Verbi regolari   *essere*

parlare	vendere	dormire	preferire	
parlerei	venderei	dormirei	preferirei	sarei
parleresti	venderesti	dormiresti	preferiresti	saresti
parlerebbe	venderebbe	dormirebbe	preferirebbe	sarebbe
parleremmo	venderemmo	dormiremmo	preferiremmo	saremmo
parlereste	vendereste	dormireste	preferireste	sareste
parlerebbero	venderebbero	dormirebbero	preferirebbero	sarebbero

La radice dei verbi nelle forme al condizionale presente è uguale a quella del futuro semplice (cfr. paragrafo 13.12).

Nei verbi in *-are* la *-a-* dell'infinito diventa *-e-*:
abitare → abiterei
Fanno eccezione i seguenti verbi:
dare → darei; fare → farei; stare → starei

I verbi in *-care* e *-gare* aggiungono una *-h-* prima della desinenza:
cercare → cercherei; pagare → pagherei

I verbi in *-ciare* e *-giare* perdono la *-i-*:
cominciare → comincerei; mangiare → mangerei

N. E. 2

Alcuni verbi perdono la vocale precedente la desinenza *-re* dell'infinito:

avere	avrei, avresti, avrebbe, avremmo, avreste, avrebbero
andare	andrei, andresti, andrebbe, andremmo, andreste, andrebbero
cadere	cadrei, cadresti, cadrebbe, cadremmo, cadreste, cadrebbero
dovere	dovrei, dovresti, dovrebbe, dovremmo, dovreste, dovrebbero
potere	potrei, potresti, potrebbe, potremmo, potreste, potrebbero
sapere	saprei, sapresti, saprebbe, sapremmo, sapreste, saprebbero
vedere	vedrei, vedresti, vedrebbe, vedremmo, vedreste, vedrebbero
vivere	vivrei, vivresti, vivrebbe, vivremmo, vivreste, vivrebbero

Altri verbi irregolari:

rimanere	rimarrei, rimarresti, rimarrebbe, rimarremmo, rimarreste, rimarrebbero
tenere	terrei, terresti, terrebbe, terremmo, terreste, terrebbero
venire	verrei, verresti, verrebbe, verremmo, verreste, verrebbero
volere	vorrei, vorresti, vorrebbe, vorremmo, vorreste, vorrebbero

13.14.1 Uso del condizionale presente

Il condizionale si usa per:

*Pensi che **verrebbe** con noi?*	esprimere una possibilità o supposizione
***Vorrei** fare un corso di spagnolo.*	esprimere un desiderio
*Mi **darebbe** una mano?*	chiedere qualcosa in modo gentile
***Dovrebbe** smettere di fumare.*	dare un consiglio
***Potremmo** andare al cinema!*	fare una proposta

13.15 Il condizionale passato

N. E. 3

(io)	avrei mangiato	sarei andato/-a
(tu)	avresti mangiato	saresti andato/-a
(lui/lei/Lei)	avrebbe mangiato	sarebbe andato/-a
(noi)	avremmo mangiato	saremmo andati/-e
(voi)	avreste mangiato	sareste andati/-e
(loro)	avrebbero mangiato	sarebbero andati/-e

Il condizionale passato (o composto) si forma con il condizionale presente di *essere* o *avere* + il participio passato del verbo.

13.15.1 Uso del condizionale passato

Avrebbero potuto *aprire una clinica privata.* (ma non l'hanno aperta)
Sarebbe stato *meglio costruire una scuola.* (ma non l'hanno costruita)

Il condizionale passato si usa in una proposizione principale per esprimere un desiderio che non si è realizzato oppure un'azione che sarebbe potuta accadere, ma non è accaduta.

*L'uomo **sarebbe andato** in banca e **avrebbe incontrato** il complice.*
(= dicono che sia andato… e abbia incontrato…)

Il condizionale passato si usa anche per comunicazioni non confermate (soprattutto nel linguaggio giornalistico).

Per l'uso del condizionale passato nelle proposizioni secondarie cfr. paragrafi 13.24.3 e 13.30.

13.16 L'imperativo

N. E. 2

Verbi regolari

	lavor**are**	prend**ere**	dorm**ire**	fin**ire**
(tu)	lavor**a**	prend**i**	dorm**i**	fin**isci**
(Lei)	lavor**i**	prend**a**	dorm**a**	fin**isca**
(noi)	lavor**iamo**	prend**iamo**	dorm**iamo**	fin**iamo**
(voi)	lavor**ate**	prend**ete**	dorm**ite**	fin**ite**

	-are	-ere	-ire
(tu)	-a		-i
(Lei)	-i		-a
(noi)		-iamo	
(voi)	-ate	-ete	-ite

Le forme della 1ª e 2ª persona plurale sono le stesse del presente indicativo.

Verbi irregolari o con forme abbreviate

	andare	avere	dare	dire	essere
(tu)	va'/vai	abbi	da'/dai	di'	sii
(Lei)	vada	abbia	dia	dica	sia
(noi)	andiamo	abbiamo	diamo	diciamo	siamo
(voi)	andate	abbiate	date	dite	siate

	fare	sapere	stare	tenere	venire
(tu)	fa'/fai	sappi	sta'/stai	tieni	vieni
(Lei)	faccia	sappia	stia	tenga	venga
(noi)	facciamo	sappiamo	stiamo	teniamo	veniamo
(voi)	fate	sappiate	state	tenete	venite

Alcuni verbi hanno due forme alla 2ª persona singolare.

13.16.1 La posizione dei pronomi con l'imperativo

Prendilo, se vuoi.   *Alzatevi!*
Andiamoci insieme!   *Comprane due!*

I pronomi atoni e le particelle *ne* e *ci* seguono l'imperativo alla 2ª persona singolare *(tu)* e alla 1ª e 2ª plurale *(noi, voi)*, formando una sola parola.

andare	→	va'	In ufficio **vacci** a piedi!
dare	→	da'	Il giornale **dallo** a Piero.
dire	→	di'	**Dille** la verità!
fare	→	fa'	**Fammi** un favore!
stare	→	sta'	**Stagli** vicino.

Con i verbi *andare, dare, dire, fare, stare* si usano le forme abbreviate; i pronomi (escluso *gli*) e le particelle *ne* e *ci* raddoppiano la propria consonante iniziale.

Ci vada subito!
Si accomodi!
Ne prenda ancora uno!
Mi scusi, signora!
Alla forma di cortesia *(Lei)* i pronomi e le particelle *ci* e *ne* precedono il verbo.

13.16.2 L'imperativo negativo

tu
Non mangiare troppo!
non + infinito

noi
Non andiamo via!
non + imperativo

voi
Non fumate qui!
non + imperativo

Lei
Non guardi troppo la TV!
non + imperativo

	-are		-ere		-ire
(tu)	non -are	non	-ere	non	-ire
(Lei)	non -i	non	-a	non	-a
(noi)	non -iamo	non	-iamo	non	-iamo
(voi)	non -ate	non	-ete	non	-ite

13.16.3 Imperativo negativo e pronomi

tu
*Non **lo** mangiare!*
*Non mangiar**lo**!*
non + **pronome** + infinito/imperativo
non + infinito/imperativo + **pronome**

noi
*Non **ci** pensiamo!*
*Non pensiamo**ci**!*

voi
*Non **vi** preoccupate!*
*Non preoccupate**vi**!*

Lei
*Non **la** beva adesso!*
non + **pronome** + imperativo

13.17 Il congiuntivo presente

Verbi regolari

	lavorare	prendere	dormire	capire
(io)	lavori	prenda	dorma	capisca
(tu)	lavori	prenda	dorma	capisca
(lui/lei/Lei)	lavori	prenda	dorma	capisca
(noi)	lavoriamo	prendiamo	dormiamo	capiamo
(voi)	lavoriate	prendiate	dormiate	capiate
(loro)	lavorino	prendano	dormano	capiscano

	-are	-ere / -ire
	-i	-a
	-i	-a
	-i	-a
	-iamo	
	-iate	
	-ino	-ano

Le desinenze delle prime tre persone singolari sono uguali; per questo, per distinguere le forme, spesso si aggiungono i pronomi personali soggetto *(io, tu, lui, lei, Lei)*.
La 1ª persona plurale è identica alla forma corrispondente del presente indicativo.
I verbi in *-care* e *-gare* aggiungono una *-h-* davanti alla desinenza del congiuntivo:
cercare → cer**ch**i

I verbi in *-iare* hanno una sola *-i-* in tutte le persone:
cambiare → cambi, cambiamo, cambiate, cambino

Verbi irregolari

	io, tu, lui, lei, Lei	noi	voi	loro
andare	vada	andiamo	andiate	vadano
fare	faccia	facciamo	facciate	facciano
uscire	esca	usciamo	usciate	escano
venire	venga	veniamo	veniate	vengano
volere	voglia	vogliamo	vogliate	vogliano

A parte poche eccezioni, le forme del singolare e della 3ª persona plurale derivano dalla 1ª persona singolare del presente indicativo:
andare → vado → vada/vadano

I seguenti verbi hanno forme diverse:

	io, tu, lui, lei, Lei	noi	voi	loro
essere	sia	siamo	siate	siano
avere	abbia	abbiamo	abbiate	abbiano
dare	dia	diamo	diate	diano
dovere	debba	dobbiamo	dobbiate	debbano
sapere	sappia	sappiamo	sappiate	sappiano
stare	stia	stiamo	stiate	stiano

13.17.1 Uso del congiuntivo

Il congiuntivo si usa soprattutto per esprimere la posizione soggettiva di chi parla rispetto a certi eventi o circostanze.

Il congiuntivo si usa:

dopo verbi ed espressioni che esprimono un'opinione personale:
Credo che
Penso che   *lui non **sia** italiano.*
Suppongo che
Ho l'impressione che

Attenzione! Con le seguenti espressioni invece si usa l'indicativo:
Secondo me/Per me
Sono sicuro che   *lui è straniero.*
Probabilmente
Forse

dopo verbi ed espressioni che esprimono incertezza e dubbio:
Mi sembra che
Non sono sicuro che *lei **parli** anche lo spagnolo.*
Dubito che

dopo verbi ed espressioni che indicano desiderio, volontà e speranza:
Desidero che
Voglio che   tu **venga** domani.
Spero che

dopo verbi ed espressioni che esprimono sentimenti e stati d'animo:
Sono felice che
Sono contento che   loro **partano**.
Mi dispiace che

dopo le seguenti espressioni impersonali:
È necessario che
È importante che
È meglio che   tutti **siano** d'accordo.
Bisogna che
Sembra che

13.17.2 Congiuntivo o infinito nella proposizione secondaria

principale	secondaria
Io penso	che domani **Anna vada** al mare.
Anna pensa	di **andare** al mare domani.

Se il soggetto della proposizione principale non è lo stesso della secondaria, nella secondaria si usa il congiuntivo; quando il soggetto è lo stesso, si usa l'infinito.

13.18   Il congiuntivo imperfetto

N. E. 3

	abitare	credere	dormire
(io)	abitassi	credessi	dormissi
(tu)	abitassi	credessi	dormissi
(lui/lei/Lei)	abitasse	credesse	dormisse
(noi)	abitassimo	credessimo	dormissimo
(voi)	abitaste	credeste	dormiste
(loro)	abitassero	credessero	dormissero

Verbi irregolari

bere	**bevessi, bevessi, bevesse, bevessimo, beveste, bevessero**
dare	**dessi, dessi, desse, dessimo, deste, dessero**
dire	**dicessi, dicessi, dicesse, dicessimo, diceste, dicessero**
essere	**fossi, fossi, fosse, fossimo, foste, fossero**
fare	**facessi, facessi, facesse, facessimo, faceste, facessero**
porre	**ponessi, ponessi, ponesse, ponessimo, poneste, ponessero**
stare	**stessi, stessi, stesse, stessimo, steste, stessero**
tradurre	**traducessi, traducessi, traducesse, traducessimo, traduceste, traducessero**

13.19 Il congiuntivo passato

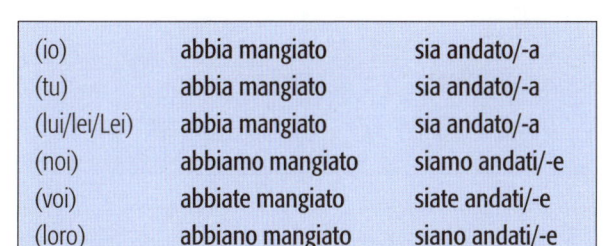

(io)	abbia mangiato	sia andato/-a
(tu)	abbia mangiato	sia andato/-a
(lui/lei/Lei)	abbia mangiato	sia andato/-a
(noi)	abbiamo mangiato	siamo andati/-e
(voi)	abbiate mangiato	siate andati/-e
(loro)	abbiano mangiato	siano andati/-e

Il congiuntivo passato si forma con il congiuntivo presente di *essere* o *avere* + il participio passato del verbo.

13.20 Il congiuntivo trapassato

(io)	avessi mangiato	fossi andato/-a
(tu)	avessi mangiato	fossi andato/-a
(lui/lei/Lei)	avesse mangiato	fosse andato/-a
(noi)	avessimo mangiato	fossimo andati/-e
(voi)	aveste mangiato	foste andati/-e
(loro)	avessero mangiato	fossero andati/-e

Il congiuntivo trapassato si forma con il congiuntivo imperfetto di *essere* o *avere* + il participio passato del verbo.

13.21 La concordanza dei tempi al congiuntivo

Penso che lui esca.
Penso che lui sia già uscito.
Pensavo che lui uscisse.
Pensavo che lui fosse già uscito.

La scelta dei tempi del congiuntivo nella proposizione secondaria dipende dal rapporto con la proposizione principale.

principale	secondaria			
Penso (adesso)	che lui **esca**.	(adesso)	→	cong. presente
	che lui **sia uscito**.	(prima)	→	cong. passato
Pensavo (ieri)	che lui **uscisse**.	(quel giorno)	→	cong. imperfetto
	che lui **fosse uscito**.	(il giorno prima)	→	cong. trapassato

*Come **vorrei** che tu **fossi** qui!*
*Vorrei che lei **fosse** già **partita**.*
*Avrei voluto che tu **venissi**.*
*Avrei preferito che tu me l'**avessi chiesto**.*

Se nella proposizione principale c'è un verbo al condizionale presente o passato, nella secondaria troviamo un congiuntivo imperfetto o trapassato.

principale	secondaria			
Vorrei (adesso)	che tu **fossi** qui.	(adesso)	→	cong. imperfetto
	che lei **fosse partita**.	(prima)	→	cong. trapassato
Avrei voluto (ieri)	che tu **venissi**.	(quel giorno)	→	cong. imperfetto
	che tu me l'**avessi chiesto**.	(il giorno prima)	→	cong. trapassato

13.22 Altri usi del congiuntivo nelle proposizioni secondarie

13.22.1 Congiunzioni con il congiuntivo

Sebbene / nonostante / malgrado / benché
Sebbene/nonostante/malgrado/benché fosse tardi, siamo riusciti a trovare un ristorante aperto.

a condizione che / a patto che / purché
*Vi presto i soldi, **a condizione che/a patto che/purché** voi me li **rendiate** domani.*

affinché / perché
*Gli ho regalato dei soldi **affinché/perché si comprasse** un computer nuovo.*

nel caso che / nel caso in cui
*Ti lascio le chiavi **nel caso che** tu **sia** a casa prima di me.*

come se (con il congiuntivo imperfetto)
*Mi parli **come se** io **fossi** sordo!*

prima che
***Prima che** tu **parta** vorrei salutarti.*

senza che
*È partito **senza che** nessuno lo **vedesse**.*

a meno che
*Potresti andarci in macchina, **a meno che** tu non **preferisca** prendere il treno.*

13.22.2 Pronomi indefiniti e congiuntivo

Con gli indefiniti *chiunque, (d)ovunque, comunque, qualunque/qualsiasi* si usa il congiuntivo.

***Chiunque** la **conoscesse** la trovava simpatica.*
*Sono sicuro che ti troverò, **(d)ovunque** tu **sia**.*
***Comunque sia**, non ho voglia di discuterne ancora.*
*In **qualunque** situazione **si trovasse** non aveva difficoltà.*

N. E. 3

13.22.3 Espressioni particolari

il fatto che/non è che
Le dispiaceva **il fatto che** i suoi amici non **andassero** d'accordo.
Non è che Bruno **sia** cattivo, semplicemente è poco attento agli altri.

che con valore limitativo
Che io **sappia**, Gino non è ancora arrivato.

13.22.4 Proposizioni relative

proposizione principale con un superlativo relativo:
È **una delle più belle** storie d'amore che io **abbia** mai **letto**.
Venezia è **la città più interessante** che io **abbia** mai visto.

principale con l'aggettivo *unico/solo*:
Marina è **l'unica/la sola** donna di cui io **sia riuscito** a diventare amico.

proposizione che esprime una condizione, un fine o un desiderio:
Comprate prodotti di cui **siano indicati** esplicitamente gli ingredienti!
Luca cercava qualcuno che gli **indicasse** la strada.
Desidero incontrare una persona che **sia** sincera e onesta.

13.23 Il congiuntivo nelle proposizioni principali

per esprimere un desiderio non realizzato o non realizzabile
(con il congiuntivo imperfetto o trapassato):

Magari domani **fosse** bel tempo!	(nel futuro)
Magari fossero già qui!	(nel presente)
Ah, non gli **avessi detto** niente!	(nel passato)

in domande che esprimono un dubbio:

Chissà perché ancora non arrivano... **Che abbiano perso** l'autobus?
Non ho più saputo niente di Antonio: che **sia** già **partito**?

13.24 Il periodo ipotetico

13.24.1 Il periodo ipotetico della realtà

N. E. 2

Nel periodo ipotetico della realtà si esprime una situazione in cui la condizione è possibile o probabile.

condizione	conseguenza
Se **arrivo** tardi,	ti **chiamo**.
Se non **verrai** alla festa,	allora non **verrà** neanche Franco.

Generalmente sia la condizione (introdotta da *se*) che la conseguenza si esprimono all'indicativo presente o futuro.

Se **aprirò** uno studio,	allora **prenderò** te come socio.

Se si tratta di una promessa, si usa l'indicativo futuro.

Se vedi Claudia,	**dille** di portarmi un libro.
Se vuole parlare direttamente con il direttore,	Le **consiglierei** di chiamarlo stasera a casa.

La conseguenza può essere anche espressa con l'imperativo o con il condizionale.

13.24.2 Il periodo ipotetico della possibilità

N. E. 3

Nel periodo ipotetico della possibilità si esprime una situazione in cui la condizione è possibile, poco probabile o di realizzazione non sicura. La realizzazione può essere nel presente o nel futuro.

condizione	conseguenza
(congiuntivo imperfetto)	(condizionale presente)
Se **avessi** tanti soldi,	**comprerei** una casa in campagna.
Se **avessi** più tempo,	**leggerei** di più.

13.24.3 Il periodo ipotetico dell'impossibilità/irrealtà

Con il periodo ipotetico dell'irrealtà o dell'impossibilità si esprime una situazione in cui la condizione è irreale o d'impossibile realizzazione.

condizione	conseguenza
(congiuntivo trapassato)	(condizionale passato)
*Se **avessi avuto** tanti soldi,*	***avrei comprato** una casa in campagna.*
*Se tu **fossi venuto** prima,*	*ci **saremmo incontrati**.*
(congiuntivo trapassato)	(condizionale presente)
*Se tu **avessi mangiato** di meno,*	*non **staresti** così male.*
(congiuntivo imperfetto)	(condizionale passato)
*Se Dino **fosse** interessato al progetto,*	*te l'**avrebbe detto**.*

Nella lingua parlata spesso al congiuntivo trapassato e al condizionale passato si sostituisce l'imperfetto indicativo:

= *Se si **fosse alzata** prima, non **avrebbe perso** il treno.*
= *Se si **alzava** prima, non **perdeva** il treno.*

13.25 Il gerundio

13.25.1 Il gerundio presente

Il gerundio presente si forma aggiungendo alla radice del verbo la desinenza *-ando* (verbi in *-are*) o *-endo* (verbi in *-ere* e *-ire*).

mangiare	→	mangi**ando**	-are	→	-**ando**
leggere	→	legg**endo**	-ere	→	-**endo**
finire	→	fin**endo**	-ire	→	-**endo**

Verbi irregolari:
bere → **bevendo**; condurre → **conducendo**; dire → **dicendo**; fare → **facendo**
porre → **ponendo**; tradurre → **traducendo**; trarre → **traendo**

Stare + gerundio

*Teresa **sta dormendo**.*
*I bambini **stanno facendo** i compiti.*
*Anita **sta leggendo** il giornale.*
Con *stare* + gerundio si esprime un'azione in fase di svolgimento. Il verbo *stare* si coniuga, il gerundio rimane invariato.

Il gerundio presente nelle proposizioni secondarie

Il gerundio presente può avere varie funzioni:

frase con il gerundio	corrisponde a	funzione
Conoscendo le tue idee non ho detto niente.	**Siccome conosco** le tue idee, non ho detto niente.	causale: **perché?**
L'ho incontrato **tornando** a casa.	L'ho incontrato **mentre tornavo** a casa.	temporale: **quando?**
Arrivarono **correndo**.	Arrivarono **di corsa**.	modale: **in che modo?**
Leggendo s'impara molto.	**Con la lettura** s'impara molto.	strumentale: **con quale mezzo?**
Cambiando lavoro, avresti più soddisfazioni.	**Se tu cambiassi** lavoro, avresti più soddisfazioni.	condizionale: **in che caso?**
Abbassò gli occhi **sorridendo**.	Abbassò gli occhi **e contemporaneamente sorrise**.	coordinativa: **facendo che cosa contemporaneamente?**

Negli esempi presentati sopra, il soggetto della principale e quello della secondaria sono identici. Un caso a parte sono le frasi impersonali; qui i due soggetti possono essere diversi:

***Essendo** tardi*   *Franco trovò la porta chiusa.*
    ↓   ↓
(verbo impersonale) (soggetto definito)

13.25.2 Il gerundio passato

Il gerundio passato (o composto) si forma con il gerundio presente di *essere* o *avere* e il participio passato del verbo.

parlare	leggere	partire
avendo parlato	avendo letto	essendo partito/-a/-i/-e

*Non **avendo trovato** stanze libere, i Rossi hanno deciso di rimandare le vacanze.*
Il gerundio passato esprime un'azione avvenuta precedentemente. Esprime una funzione causale:
*Siccome non **hanno trovato** stanze libere, i Rossi hanno deciso di rimandare le vacanze.*

*Non **essendo andate** al corso, Laura e Pia la volta dopo hanno avuto grossi problemi.*
Le forme con *essere* concordano il participio passato con il soggetto.

***Avendolo incontrato** in centro, non gli ho dovuto telefonare.*
***Avendogli parlato** tanto di te, era come se ti conoscesse già.*
I pronomi atoni seguono l'ausiliare e formano con esso una sola parola.

13.26 L'infinito

In italiano ci sono due tempi dell'infinito: il presente e il passato.

13.26.1 L'infinito presente

L'infinito presente è la forma del verbo che si trova sul dizionario.
Le tre coniugazioni terminano in *-are*, *-ere* e *-ire*:

mangi**are**   legg**ere**   fin**ire**

Vi sono poi alcuni verbi con infinito in *-rre:*
condu**rre**, dedu**rre**, introdu**rre**, produ**rre**, ridu**rre**, tradu**rre**, tra**rre**, ecc.

Si tratta di forme sincopate della seconda coniugazione in *-ere* (es.: *condurre* da *condùcere; produrre* da *prodùcere,* ecc.). Le forme-base appartengono alla lingua antica e non si usano più.

13.26.2 L'infinito passato

L'infinito passato (o composto) si forma con l'infinito presente di *essere* o *avere* + il participio passato del verbo. La *e* finale può essere omessa.

aver(e) visto   **esser(e) andato/-a/-i/-e**

13.26.3 Uso dell'infinito

Con una serie di verbi e di espressioni impersonali l'infinito si usa senza preposizione.

È possibile pagare subito?	essere + aggettivo/avverbio
Posso uscire?	potere
Devo venire alle otto?	dovere
Vorrei andare al cinema.	volere
Preferisco venire più tardi.	preferire
Ti piace viaggiare?	piacere
Desidero stare tranquillo.	desiderare

Con alcuni verbi ed espressioni si usa una preposizione prima dell'infinito.

Quando vai a sciare?	andare **a**
Quando cominci a lavorare?	cominciare **a**
Proviamo a studiare il russo?	provare **a**
Devi fare attenzione a non lavorare troppo.	fare attenzione **a**
Cerco di lavorare seriamente.	cercare **di**
A che ora finisci di lavorare?	finire **di**
Hai intenzione di venire?	avere intenzione **di**
La prego di rispondere.	pregare **di**

Stare per + infinito

*Gianni **stava per fumare** una sigaretta, ma poi ha letto il cartello.*
***Stavamo per uscire**, ma poi Luca si è sentito male.*
Con *stare per* + infinito si esprime un'azione che è o era sul punto di iniziare.

N. E. 3

***prima di/dopo* + infinito**

Prima di trasferirmi *a Roma avevo seguito un corso d'italiano.*
prima di + infinito presente

Dopo aver(e) letto *il giornale il signor Rossi ha cambiato idea.*
Dopo esser(e) uscita *si è accorta di aver dimenticato l'ombrello.*
dopo + infinito passato

Nell'infinito passato spesso la *-e* dell'ausiliare cade (soprattutto con *avere*).

Nelle frasi con *prima di* e *dopo* il soggetto è identico:

Prima di mangiare   *mi lavo le mani.*
    ↓   ↓
    io   io

prima di – prima che/dopo – dopo che

*Ti telefono **prima di** partire.*   *Ti telefono **prima che** tu **parta**.*
*Ti chiamo **dopo aver fatto** la spesa.*   *Ti chiamo **dopo che hai fatto** la spesa.*

   ↓   ↓   ↓   ↓
   io   io   io   tu

Se i soggetti delle due proposizioni non sono identici, al posto di *prima di/dopo* si usa *prima che* + congiuntivo/*dopo che* + indicativo.

***fare* + infinito**

*Mi **fai vedere** cosa hai fatto?*
*Hai già **fatto riparare** il computer?*

La costruzione *fare* + infinito ha vari significati:

*È un film che **fa piangere**.*	= causa il pianto
*Tutto questo rumore non mi **fa dormire**.*	= non mi permette di dormire
Fammi vedere un attimo.	= lasciami vedere
*Ho **fatto riparare** la macchina.*	= ho dato l'incarico a qualcuno

13.27 Il participio presente

Oltre al participio passato (cfr. paragrafo 13.8 e segg.) in italiano esiste anche il participio presente.

amare	sorridere	divertire/dormire
amante	sorridente	divertente/dormiente
-ante	-ente	-ente/-iente

Alcuni verbi in *-ire* hanno la forma in *-iente*.
Alcuni esempi: *ubbidiente, conveniente*.

*Giacomo Casanova ebbe molte **amanti**.*   (= donne)
*Preferisco i film **divertenti**.*   (= non noiosi)
*È una questione **riguardante** la speculazione edilizia.*   (= che riguarda)

Il participio presente può essere usato come nome, aggettivo o verbo (proposizione relativa).
Il participio presente concorda nel genere e nel numero con il nome a cui si riferisce.

13.28 La costruzione passiva

N. E. 3

frase attiva: *Carlo ritrova il libro.*

frase passiva: *Il libro **è ritrovato** da Carlo.*
                  *Il libro **viene ritrovato** da Carlo.*

I verbi transitivi (che possono avere, cioè, un oggetto dopo di sé) con oggetto espresso possono formare il passivo.
Il passivo si forma con l'ausiliare *essere* + il participio passato del verbo.
Nei tempi semplici *essere* può essere sostituito da *venire*. Nei tempi composti il passivo è possibile solo con *essere*.

presente indicativo	sono invitato	vengo invitato
imperfetto indicativo	ero invitato	venivo invitato
passato remoto	fui invitato	venni invitato
futuro semplice	sarò invitato	verrò invitato
futuro anteriore	sarò stato invitato	----
passato prossimo	sono stato invitato	----
trapassato prossimo	ero stato invitato	----
congiuntivo presente	sia invitato	venga invitato
congiuntivo passato	sia stato invitato	----
condizionale presente	sarei invitato	verrei invitato
condizionale passato	sarei stato invitato	----

*Solo il 15% dei volumi **viene trovato** da una persona.*
*La biblioteca è **illuminata** da cinque grandi finestre.*
Venire si usa più spesso per descrivere un'azione dinamica, *essere* invece per descrivere una situazione statica.

***Il libro sarà pubblicato** la prossima settimana.*
***I suoi romanzi** vengono letti da milioni di persone.*
Il participio passato concorda nel genere e nel numero con il soggetto della frase.

Chi compie l'azione (sia una persona, sia un oggetto inanimato) nel passivo viene introdotto dalla preposizione *da:*

frase attiva:	*Oggi **milioni di persone** usano la posta elettronica.*
frase passiva:	*Oggi la posta elettronica è usata **da milioni di persone**.*
frase attiva:	***Un sito Internet** ha organizzato l'esperimento.*
frase passiva:	*L'esperimento è stato organizzato **da un sito Internet**.*

13.28.1 La costruzione passiva con il verbo *andare*

N. E. 3

*Il lavoro **va fatto** entro domani sera.*

Il passivo si può formare anche con il verbo *andare* + participio passato. Questa forma esprime un senso di necessità; inoltre esiste solo nei tempi semplici, ad esempio al presente, imperfetto, futuro semplice, condizionale semplice, ecc. (escluso il passato remoto).

*L'errore **andava corretto** subito.* (= doveva essere corretto subito)
*Le auto **vanno lasciate** nei parcheggi.* (= devono essere lasciate)
*Il problema **andrà discusso** in plenum.* (= dovrà essere discusso)

Andare unito a verbi come *smarrire, perdere, distruggere, sprecare* ha un significato di semplice passivo:

*La lettera è **andata persa**.* (= la lettera è stata persa)
*La casa **andò distrutta**.* (= la casa fu distrutta)

13.29 Particolarità di alcuni verbi

13.29.1 Verbi impersonali

N. E. 2

bisogna

***Bisogna** comprare il biglietto prima di salire sull'autobus.*
Con *bisogna* + infinito si esprime una necessità. *Bisogna* è invariabile.

volerci

*Per andare in America **ci vuole** il passaporto.*
*Da Zurigo a Lugano **ci vogliono** circa tre ore.*
Il verbo *volerci* si usa al singolare se è riferito a un nome singolare, al plurale se è riferito a un nome plurale.

servire

*Non ti **serve** aspettare.*
*Mi **serve** un cappotto nuovo.*
*Mi **servono** tre uova.*
Il verbo *servire* può essere seguito da un altro verbo all'infinito, oppure da un nome (singolare o plurale), con cui concorda.

mi tocca

*Purtroppo oggi **mi tocca** studiare fino a tardi.*
Mi tocca, ti tocca, ecc. significa *dovere, essere costretto*. È seguito da un infinito senza preposizione.

bastare

*Questo esame non è difficile, **basta** studiare un po'.*
*Per andare a Milano **bastano** poche ore di treno.*
*A Rita il denaro non **basta** mai.*
Bastare significa *essere sufficiente*. Si usa alla terza persona singolare o plurale. Con *bastare* può trovarsi un sostantivo (singolare o plurale) oppure un verbo.

*Per risolvere il problema **basta avere** un po' di pazienza.*
*Per risolvere il problema **basta che** tu **abbia** un po' di pazienza.*
Con un verbo sono possibili due costruzioni: *basta* + infinito e *basta che* + congiuntivo.

13.29.2 Verbi con pronomi

farcela

***Ce la fai** ad aprire questa finestra?*
*Ugo ha perso il treno, così non **ce l'ha fatta** a prendere l'aereo.*
Farcela significa *riuscire a fare qualcosa*. Dopo *farcela* si usa la preposizione *a* + infinito.

farcela	presente	passato prossimo
(io)	ce la faccio	ce l'ho fatta
(tu)	ce la fai	ce l'hai fatta
(lui/lei/Lei)	ce la fa	ce l'ha fatta
(noi)	ce la facciamo	ce l'abbiamo fatta
(voi)	ce la fate	ce l'avete fatta
(loro)	ce la fanno	ce l'hanno fatta

andarsene

*No, non voglio discutere ancora, **me ne vado**.*
Andarsene ha il significato di *andare via*.

andarsene	presente	passato prossimo
(io)	me ne vado	me ne sono andato/-a
(tu)	te ne vai	te ne sei andato/-a
(lui/lei/Lei)	se ne va	se ne è andato/-a
(noi)	ce ne andiamo	ce ne siamo andati/-e
(voi)	ve ne andate	ve ne siete andati/-e
(loro)	se ne vanno	se ne sono andati/-e

metterci

*Quanto tempo **ci metti** a finire di vestirti?*
***Ci hai messo** molto a imparare l'italiano?*
*Il treno ci **ha messo** tre ore.*

Metterci ha il significato di *impiegare un determinato tempo*.
Attenzione alla differenza tra *metterci a* e *mettersi a*:

***Ci ha messo** molto a imparare i nuovi vocaboli.*   (= ha impiegato molto tempo)
***Si è messo** subito a imparare i nuovi vocaboli.*   (= ha cominciato a)

13.29.3   Il verbo *dovere* per esprimere una supposizione

*La grammatica **dovrebbe** essere lì.* (Forse è lì, credo che sia lì.)
*Marcello? **Dovrebbe** essere andato a casa.* (Secondo me è andato a casa.)
***Deve** aver preso il treno delle 8:00.* (Penso che abbia preso il treno delle 8:00.)
*La bambina **doveva** avere all'incirca 10 anni.* (Forse aveva 10 anni.)

Il verbo *dovere*, ai tempi semplici, si usa anche per esprimere una supposizione.

13.30   Il discorso indiretto

N. E. 3

Francesco ha detto che Marco è uscito.

Il discorso indiretto viene introdotto da verbi come *dire, affermare, rispondere, raccontare,* ecc. e dalla congiunzione *che* o *di*.
Se il verbo della frase principale è al presente o al passato prossimo (riferito a un passato vicinissimo), nel discorso indiretto i tempi della proposizione secondaria restano invariati (v. pagina successiva).

*Marco **dice**/**ha detto**:*	*Marco **dice**/**ha detto**…*
«Simona non ***si sente*** bene.»	*che Simona non **si sente** bene.*
«Mio fratello ***è uscito**.»*	*che suo fratello **è uscito**.*
«Stasera mia madre ***farà*** tardi.»	*che sua madre stasera **farà** tardi.*

Se nel discorso diretto il verbo è all'imperativo, nel discorso indiretto si usa la costruzione *di* + infinito.

*Marco gli **dice**/**ha detto**:*	*Marco gli **dice**/**ha detto**…*
«***Prendi*** un caffè.»	***di*** *prendere un caffè.*

Se il verbo della proposizione principale è al passato, nella proposizione secondaria si hanno vari cambiamenti:

*Marco **ha detto**/**disse**:*	*Marco **ha detto**/**disse**…*
«Io qui ***mi trovo*** bene.»	*che lì **si trovava** bene.*
presente	imperfetto
«Sandro ***è uscito**.»*	*che Sandro **era uscito**.*
passato prossimo	trapassato prossimo
«Giovanni ***dovrà cambiare*** sede.»	*che Giovanni **avrebbe dovuto cambiare** sede.*
futuro semplice	condizionale passato
«***Verrei*** volentieri.»	*che **sarebbe venuto** volentieri.*
condizionale presente	condizionale passato
«***Trovati*** subito un'altra casa!»	***di trovarmi*** *subito un'altra casa.*
	*che **mi trovassi** subito un'altra casa.*
imperativo	*di* + infinito
imperativo	*che* + congiuntivo imperfetto

Con verbi all'imperfetto e trapassato prossimo indicativo, condizionale passato, gerundio, infinito e participio, non vi sono cambiamenti di tempo e modo nel passaggio al discorso indiretto:

Marco ha detto/disse: *Marco ha detto/disse...*

«Qui mi trovavo bene.» *che lì si trovava bene.*
«Sandro era uscito.» *che Sandro era uscito.*
«Avrei dovuto cambiare sede.» *che avrebbe dovuto cambiare sede.*

Con il periodo ipotetico vi è una sola forma al discorso indiretto:

Marco mi ha detto/disse: *Marco mi ha detto/disse...*

«Se tu mangi troppo, ingrassi.»
«Se tu mangiassi troppo, ingrasseresti.» *che, se avessi mangiato troppo, sarei ingrassata.*
«Se tu avessi mangiato troppo,
saresti ingrassata.»
periodo ipotetico congiuntivo trapassato + condizionale passato

«Chi fa da sé fa per tre.» *Mi ha detto che chi fa da sé fa per tre.*
«A Roma non si trova più parcheggio.» *Mi disse che a Roma non si trova più parcheggio.*
«Studiando s'impara.» *Mi ha detto che studiando s'impara.*

In presenza di frasi di significato generale o la cui attualità non muta nel tempo, nel discorso indiretto non cambiano i tempi del verbo nella frase secondaria.

Nel passaggio dal discorso diretto a quello indiretto vi sono anche altri cambiamenti all'interno della frase; eccone alcuni:

		discorso diretto	discorso indiretto
pronomi personali		io	lui/lei
possessivi		mio	suo
avverbi		qui/qua	lì/là
		ieri	il giorno prima/il giorno precedente
		oggi	quel giorno
		domani	il giorno dopo/il giorno seguente/ l'indomani
altre espressioni relative al tempo		prossimo	seguente/successivo
		fra 2 giorni	dopo 2 giorni
dimostrativi		questo	quello

13.31 La frase interrogativa indiretta

N. E. 3

Mi ha chiesto se l'aspettavo.

La frase interrogativa indiretta viene introdotta da verbi come *chiedere, domandare, voler sapere, non sapere*, ecc. e la congiunzione *se*.
Serve a esprimere una domanda o un dubbio.

domanda diretta:	domanda indiretta:
«*Ti trovi bene qui?*»	*Mi chiede **se mi trovo** bene qui.*
	*Mi ha chiesto **se mi trovavo** bene qui.*
	*Mi ha chiesto **se mi trovassi** bene qui.*

I cambiamenti di tempo del discorso indiretto (cfr. paragrafo 13.30) valgono anche per la frase interrogativa indiretta.

| «*Chi è venuto?*» | *Mi ha chiesto **chi** è venuto.* |
| «*Quando siete arrivati?*» | *Mi chiese **quando** eravamo arrivati.* |

La frase interrogativa indiretta può essere introdotta anche da pronomi e avverbi interrogativi *(chi, che cosa, dove, quando, perché*, ecc.*)*.

Mi domandavo   *che cosa **aveva** detto.*
                         *che cosa **avesse** detto.*

La frase interrogativa indiretta può avere il verbo all'indicativo o al congiuntivo; dipende dallo stile e da una sfumatura di significato (il congiuntivo dà una maggiore impronta di dubbio).

*Non so **dove andare**.*
*Mi chiedo **se credere** a lui o no.*
*Non sapevano più **cosa pensare**.*

La frase interrogativa indiretta può essere formata anche con l'infinito. In questo caso i soggetti delle due preposizioni coincidono.

13.32 La concordanza dei tempi all'indicativo

Analogamente a quanto abbiamo visto per il congiuntivo (cfr. paragrafo 13.21), anche nell'indicativo ci sono regole precise per la scelta dei tempi.

principale		secondaria			
(adesso)		è tornato.	(ieri)	→	passato prossimo
So /	che	torna.	(oggi)	→	presente
Ho saputo		tornerà.	(domani)	→	futuro semplice
(ieri)		era tornato.	(il giorno prima)	→	trapassato prossimo
Ho saputo /					
Sapevo /	che	tornava.	(quel giorno)	→	imperfetto
Avevo saputo /					
Seppi		sarebbe tornato.	(il giorno dopo)	→	condizionale passato

14   La negazione

*Sei di Roma? – **No**, di Napoli.*
*Vuoi un caffè? – Perché **no**?*
*La stanza **non** è libera.*
*Mi dispiace, oggi **non** ho tempo.*

***Non** lo so.*
***Non** ti alzi sempre presto?*

In italiano la negazione si esprime con *no* oppure *non*. *No* si usa in genere nelle risposte e alla fine della frase.
Non si usa per introdurre una frase negativa; va sempre prima del verbo.

Se c'è un pronome complemento o un pronome riflessivo, *non* va prima del pronome.

N. E. 1

14.1   La doppia negazione

*Non ho fatto **niente** di particolare.*   non... niente
*Non ho **nessuna** voglia di uscire.*   non... nessuno   N. E. 1
*Adesso **non** piove **più**.*   non... più   N. E. 2
*Non vai **mai** a ballare?*   non... mai   N. E. 3
*Guarda che **non** sono **mica** stanco!* non... mica

Con *niente, nessuno, più, mai* e *mica* si usa la doppia negazione, con *non* prima del verbo.

Niente è cambiato dall'ultima volta che sono stato qui.
*Dai, non te la prendere, **mica** dice sul serio!*
***Nessuno** lo ha visto partire.*
***Mai** uscire senza ombrello con questo tempo!*

Se *niente, mica, nessuno* e *mai* sono all'inizio di frase, non si usa la doppia negazione.

15   Le preposizioni

N. E. 1

Le preposizioni collegano tra loro gli elementi di una frase.
Le preposizioni *di, a, da, in, su* si uniscono all'articolo determinativo e formano una sola parola (= preposizioni articolate).

+	il	lo	l'	la	i	gli	le
di	del	dello	dell'	della	dei	degli	delle
a	al	allo	all'	alla	ai	agli	alle
da	dal	dallo	dall'	dalla	dai	dagli	dalle
in	nel	nello	nell'	nella	nei	negli	nelle
su	sul	sullo	sull'	sulla	sui	sugli	sulle

Diamo qui di seguito un quadro sintetico delle funzioni e dell'uso delle preposizioni:

La preposizione *di*

provenienza/origine (con il verbo *essere*)
Sei di qui? – No, sono di Ferrara.

indicazioni di tempo
di mattina/di sera
di giorno/di notte
di domenica

funzione partitiva
Vorrei del pesce.

materiale
una cravatta di seta

quantità
un chilo di zucchero
un litro di latte
un po' di pane
una bottiglia di vino

argomento
un corso d'italiano

specificazione
il figlio di Franco
gli orari dei negozi

con un comparativo
Edoardo è più piccolo di Piero.
Il Po è più lungo dell'Adige.

in combinazione con alcuni verbi ed espressioni
Ho intenzione di andare in Italia in estate.
Finisco di lavorare alle 18.
Che ne dici di quel film?

La preposizione *a*

indicazioni di luogo con nomi di città e piccole isole

| Sono | a | Firenze. |
| Vado | | Capri. |

altre indicazioni di luogo

Sono	a	casa.
Vado		scuola.
		teatro.
Sono	al	bar.
Vado		ristorante.
		cinema.

distanza
a 50 metri dal mare
a 10 chilometri da Roma

indicazioni di tempo
alle due/a mezzanotte
A più tardi!/A domani!
Vieni a Natale/a Pasqua?

modo o maniera
tè al limone
andare a piedi

in risposta alla domanda: a chi, a che cosa?
Ho scritto a mia madre.
Ho dato l'acqua alle piante.

con funzione distributiva
due volte al giorno
una volta alla settimana

insieme ad alcuni verbi
Vado spesso a ballare.
Adesso comincio a studiare.

La preposizione *da*

indicazioni di luogo con riferimento a persone
Com'è il tempo da voi?
Domani vado da una mia amica.

provenienza
Da dove viene? – Da Roma.
il treno da Milano

scopo
scarpe da ginnastica

indicazioni di tempo
Lavoro qui da cinque anni.

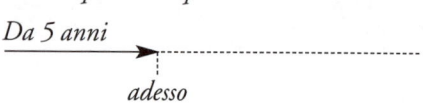

Da 5 anni ⟶
           adesso

Da lunedì comincio un nuovo lavoro.

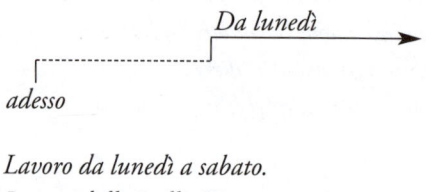

                    Da lunedì ⟶
adesso

Lavoro da lunedì a sabato.
Lavoro dalle 8 alle 17.

Da lunedì   a sabato

La preposizione *in*

indicazioni di luogo

Sono Vado	in	banca. un bar. vacanza.

modo o maniera
andare in treno o in macchina
L'autobus è pieno, si deve stare in piedi.

indicazioni di luogo con continenti, nazioni e regioni

Sono Vado	in	America. Italia. Calabria.

indicazioni di tempo
in inverno
in gennaio
(con i mesi è frequente anche l'uso della preposizione *a*)

La preposizione *con*

compagnia
Esci sempre con gli amici?

qualità
Per me un cornetto con la marmellata.
Mi piacciono le scarpe con i tacchi alti.

mezzo
pagare con la carta di credito
andare con la macchina

Le preposizioni *tra/fra*

indicazioni di tempo
Il corso d'italiano finisce fra due mesi.
Vengo fra le due e le due e mezza.

indicazioni di luogo
La chiesa è fra il museo e il teatro.

La preposizione *per*

indicazioni di tempo
Per quanto tempo resta qui?
Posso restare qui solo per un'ora.

moto a luogo con il verbo *partire*
L'altro ieri è partito per la Svezia.

scopo
Sono qui per (motivi di) lavoro.
Siamo qui per visitare la città.

La preposizione *su*

indicazioni di luogo
Ho fatto un'escursione sulle Alpi.
Sono salito anche sul cratere.
navigare su Internet

argomento
Vorrei una guida/un libro sulla Toscana.

modi di dire
Può venire per piacere/per cortesia/
per favore?
Per fortuna è arrivata.
Per carità!
per esempio

Altre preposizioni

dietro
Dietro la stazione c'è una chiesa.

dopo
Torno a casa dopo le dodici.
Dopo cena resti a casa?

durante
Durante le vacanze non voglio fare niente!

senza
La coca senza ghiaccio, per cortesia.

sopra
Oggi la temperatura è sopra la media.

sotto
Sotto il cappotto indossa un vestito blu.

verso
Vengo verso mezzanotte/ verso le nove/verso l'una.

Locuzioni preposizionali

accanto a
La chiesa è accanto alla stazione.

di fronte a
Abitiamo di fronte alla stazione.

davanti a
Davanti alla posta c'è una cabina telefonica.

fino a
Resto fuori fino a tardi/fino alle due.
Lei va fino alla stazione.

in mezzo a
In mezzo all'incrocio c'è un semaforo.

insieme a
Oggi esco insieme a un mio amico.

prima di
Vengo prima delle otto/prima della lezione.

oltre a
Oltre al pane puoi comprare del latte?

vicino a
Abito vicino all'ospedale.

16 Le congiunzioni

Le congiunzioni uniscono due elementi di una frase o collegano due frasi tra di loro.

N. E. 1
N. E. 2

e	*Io e Marco andiamo al cinema.*
o/oppure	*Vuoi una pizza **oppure** preferisci un piatto di pasta?*
anche/pure	***Anch'**io vado spesso a sciare.*
ma	*Giulio è di Venezia, **ma** abita a Zurigo.*
però	*Veniamo da te, **però** possiamo restare solo pochi minuti.*
dunque	*Scusi, sa che autobus va in centro? – **Dunque**... il 6 o il 61.*
quando	***Quando** il tempo è bello vado sempre al lavoro in bicicletta.*
se	*Se domani il tempo è bello, andiamo al mare.*
	*Non so **se** Luca è già partito.*
per + infinito	*Quale strada devo prendere **per andare** in centro?*

mentre

***Mentre studiavo** ascoltavo la musica.*
*L'ho incontrata **mentre tornavo** a casa.*

Nelle frasi al passato, con la congiunzione *mentre* si usa generalmente l'imperfetto.

quando

con il passato prossimo

*Stavo leggendo un libro **quando è entrata** Laura.*
per esprimere un'azione che comincia mentre un'altra azione è ancora in corso

***Quando si è sposato** aveva solo 23 anni.*
per esprimere un'azione precisa avvenuta nel passato

con l'imperfetto

***Quando abitavo** in città non andavo quasi mai fuori a giocare.*
per indicare un'azione di una certa durata al passato

perché/siccome
Siccome *pioveva* *siamo rimasti a casa.*
Siamo rimasti a casa **perché** *pioveva.*
Perché e *siccome* introducono una proposizione causale.
Il loro uso dipende dalla struttura della frase.
Se la proposizione causale si trova all'inizio, è introdotta da *siccome*,
se si trova dopo la proposizione principale, è introdotta da *perché*.

17 Avverbi di tempo

N. E. 2

già
*Ho **già** fatto la spesa.*

non ancora
*Non ho **ancora** telefonato al medico.*

Già e *ancora* possono essere inseriti tra l'ausiliare e il participio passato oppure dopo il participio passato:
*Ho **già** preso il caffè.* *Non ho **ancora** fatto la doccia.*
*Ho preso **già** due caffè.* *Michele non ha telefonato **ancora**.*

all'inizio
***All'inizio** non mi ha riconosciuto.*

alla fine
***Alla fine** siamo andati a bere qualcosa al bar.*

18 Appendice

18.1 Lista dei verbi irregolari

infinito	presente	imperfetto	passato prossimo	imperativo	condizionale	futuro	congiuntivo
andare	vado, vai, va, andiamo, andate, vanno	andavo	sono andato	va'/vai, vada	andrei	andrò	vada, andiamo, andiate, vadano
avere	ho, hai, ha, abbiamo, avete, hanno	avevo	ho avuto	abbi, abbia, abbiate	avrei	avrò	abbia, abbiamo, abbiate, abbiano
bere	bevo, bevi, beve, beviamo, bevete, bevono	bevevo	ho bevuto	bevi, beva	berrei	berrò	beva, beviamo, beviate, bevano
dare	do, dai, dà, diamo, date, danno	davo	ho dato	da'/dai, dia	darei	darò	dia, diamo, diate, diano
dire	dico, dici, dice, diciamo, dite, dicono	dicevo	ho detto	di', dica	direi	dirò	dica, diciamo, diciate, dicano

infinito	presente	imperfetto	passato prossimo	imperativo	condizionale	futuro	congiuntivo
dovere	devo, devi, deve, dobbiamo, dovete, devono	dovevo	ho dovuto		dovrei	dovrò	debba, dobbiamo, dobbiate, debbano
essere	sono, sei, è, siamo, siete, sono	ero	sono stato	sii, sia, siate	sarei	sarò	sia, siamo, siate, siano
fare	faccio, fai, fa, facciamo, fate, fanno	facevo	ho fatto	fa'/fai, faccia	farei	farò	faccia, facciamo, facciate, facciano
piacere	piace, piacciono	piaceva	è piaciuto		piacerebbe	piacerà	piaccia, piacciano
potere	posso, puoi, può, possiamo, potete, possono	potevo	ho potuto		potrei	potrò	possa, possiamo, possiate, possano
rimanere	rimango, rimani, rimane, rimaniamo, rimanete, rimangono	rimanevo	sono rimasto	rimani, rimanga	rimarrei	rimarrò	rimanga, rimaniamo, rimaniate, rimangano
riuscire	riesco, riesci, riesce, riusciamo, riuscite, riescono	riuscivo	sono riuscito		riuscirei	riuscirò	riesca, riusciamo, riusciate, riescano

sapere	so, sai, sa, sappiamo, sapete, sanno	sapevo	ho saputo	sappi, sappia, sappiate	saprei	saprò	sappia, sappiamo, sappiate, sappiano
scegliere	scelgo, scegli, sceglie, scegliamo, scegliete, scelgono	sceglievo	ho scelto	scegli, scelga	sceglierei	sceglierò	scelga, scegliamo, scegliate, scelgano
sedere	siedo, siedi, siede, sediamo, sedete, siedono	sedevo	sono seduto	siedi, sieda	siederei	siederò	sieda, sediamo, sediate, siedano
stare	sto, stai, sta, stiamo, state, stanno	stavo	sono stato	sta'/stai, stia	starei	starò	stia, stiamo, stiate, stiano
tenere	tengo, tieni, tiene, teniamo, tenete, tengono	tenevo	ho tenuto	tieni, tenga	terrei	terrò	tenga, teniamo, teniate, tengano
uscire	esco, esci, esce, usciamo, uscite, escono	uscivo	sono uscito	esci, esca	uscirei	uscirò	esca, usciamo, usciate, escano
venire	vengo, vieni, viene, veniamo, venite, vengono	venivo	sono venuto	vieni, venga	verrei	verrò	venga, veniamo, veniate, vengano
volere	voglio, vuoi, vuole, vogliamo, volete, vogliono	volevo	ho voluto		vorrei	vorrò	voglia, vogliamo, vogliate, vogliano

**vai su www.almaedizioni.it
e scopri la nuovissima**

ALMA @rea web

SITI DEDICATI per ogni corso di lingua, un mondo di **risorse online** per l'insegnante e per lo studente

esercizi interattivi a punti che consentono di lavorare direttamente **online** e mettersi alla prova

audio e video: fumetti animati, canzoni, videoclip, ...

test di ingresso e progresso per verificare il proprio livello

numerose **attività extra:** giochi, progetti, calendari, cartine, ...

glossari multilingue con la traduzione di parole ed espressioni utilizzate nei manuali

... e molto altro! Cosa aspetti? vai su **www.almaedizioni.it**